LABORATORIA
ESPACIOS DE INVESTIGACIÓN FEMINISTA

t.me/laboratoriaInvestigacion   La Laboratoria   lalaboratoria   lalaboratoria   lalaboratoria

CUADERNOS #feminismosindicalista 6

LA LABORATORIA ASPIRA A SER UN
PEDACITO DE TIERRA FÉRTIL PARA
FESTEJAR Y DEFENDER LA VIDA DESDE
LA PALABRA Y LA ACCIÓN.

UNA PARCELA/CHINAMPA/COMPOSTA
DONDE PONER EN DIÁLOGO LO QUE
HEMOS COSECHADO DESDE LOS TIEMPOS
DE NUESTRAS ABUELAS, CON LAS
SEMILLAS DE LAS MÁS CHAVALAS, LAS
PIBAS QUE COPAN LA CALLE CON POESÍA,
REGUETÓN, GRAFFITIS Y ACCIÓN. DONDE
NARRAR LAS LUCHAS Y HACERLAS
TATUAJE Y SUSTENTO COMÚN.

laboratoria.red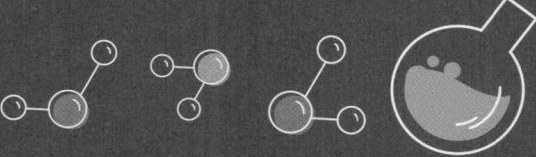

FFAI

LABORATORIA
ESPACIOS DE INVESTIGACIÓN FEMINISTA

ÁVENATE

traficantes
de sueños

Financiado por
la Unión Europea
NextGenerationEU

Plan de Recuperación,
Transformación y Resiliencia

GOBIERNO
DE ESPAÑA

MINISTERIO
DE CULTURA
Y DEPORTE

MUSEO NACIONAL
CENTRO DE ARTE
REINA SOFIA

LA PUTA DEL PUEBLO

ACTIVISMO DE PUCHERO CONTRA EL ESTIGMA

MARÍA JOSÉ BARRERA

ÍNDICE

PRÓLOGO
EL CAPÍTULO SECUESTRADO Y EL TALLER DE HELENA

En enero de 2023 empecé a escribir un libro con Nazaret y Aurora. Sobre mi vida, desde cuando fui coronada como la puta del pueblo sin haber cobrado hasta mi lucha en el activismo puteril. Claro que fue una locura meterse en esto sin haberme desprendido del estigma puta y con una buena *pedrá,* que así denomino yo los problemas de salud sin diagnóstico. En un principio, me abrí a ese proceso desde la rabia, sin entender bien lo que quería contar. Sin pensar en mi centro ni asimilar que después iba a tener que responder por lo que acabara impreso.

Desde el comienzo, la idea principal era que este libro nos sirviese como herramienta para desenredar y tejer entre más compas y aliades (pilinguis) con otros saberes. Que este cuaderno sumara en la lucha hasta la despenalización del trabajo sexual y el reconocimiento de nuestros derechos como trabajadoras sexuales. Yo miraba al feminismo inclusivo, pero no alcanzaba a revisarme ni mucho menos a pensar en mi centro. El acercamiento a mi historia y mi reflexión política era, ante todo, desde la rabia. Quería mostrar mis logros y terminaba cargando de culpa a otros. Callar a quienes sentenciaron lo que me quedaría por vivir: terminaría en la droga, cargada de críos, posiblemente presa y volviendo a casa de los papis con el rabo entre las patas y dando más problemas a mi familia. Ajustar deudas con mi pasado, con esa mala mujer que salió hace veintisiete años del pueblo, no me representa.

Nada que ver con mi vida, ni siquiera quiero ser una buena mujer. Formo parte del club de las malas, las indignas que nos salimos de las normas. Estoy orgullosa de mi vida hasta cuando tomo malas decisiones, porque de lo que estoy segura es de que a lo largo de mi vida he utilizado las herramientas que tenía para sobrevivir sin pisotear a nadie.

Por el camino dañé y me dañaron. Me duelen las heridas que provoqué y las que me provocaron. Cargué con culpas que eran compartidas y también con las que no me pertenecían. ¿Adónde voy metiéndome en este *enreo?*

Cuando estábamos escribiendo el segundo capítulo, me atasqué. Bromeaba con Aurora y Nazaret diciendo que tenía secuestrado el segundo capítulo. No podía avanzar, estaba perdida. Y perdida estuve hasta la llegada de Helena Silvestre, que dio un taller de escritura en Madrid en julio de 2023.[1] Todas las que acudimos escribimos y a todas nos removió. Creo que todas lloramos. Yo escribí sobre lo que me estaba pasando con este libro. En ese momento entendí que no estaba preparada para lo que se vendría con el libro, para responder de lo que dejaba escrito, porque jamás me había desprendido del estigma puta.

¡Me lo sacudí! Solo eso, ¡me lo sacudí! Caminé por espacios más seguros y evité participar en eventos en los que el estigma me reventaba el cuerpo por no poder combatirlo con orgullo puta. Además, el entorno me obligaba a canalizar mi rabia. Como en los entierros de familiares, a los que dejé de asistir porque era incapaz de resistirlo.

Tal vez el estigma puta no se vence, solo se combate. Dice Mar Gallego que allá donde hay estigma hay potencia subversiva. Puede ser, pero pretender escribir este libro sin psicóloga era un reviente. Así que en el taller de Helena exploté. Y empecé a comprender. Me encontré y logré ponerme en el centro. Pude entender que este libro sería mi despedida del activismo puteril.

Helena hizo que cobráramos conciencia de la importancia de nuestras historias personales y de la potencia que se revela cuando una escribe desde el corazón. Y que esas historias son teoría feminista. Pero ¿mi texto tenía legitimidad si no era yo quien lo había escrito, literalmente hablando?

Más tarde entendí que sí. Es muy valioso que contemos nuestras vidas. Este es mi libro, es mi historia y son mis saberes, pero también ha sido un trabajo en equipo. El resultado de una juntiña, un trabajo conjunto desde los saberes compartidos junto a mis aliadas académicas y a mis *comares*. Y a eso es a lo que quiero contribuir con este libro. A trabajar en común y a impulsarnos unas a otras.

Este libro es un homenaje a todo lo que he aprendido y también es el resultado de haber utilizado esos saberes de la juntiña del feminismo inclusivo. Me ha enseñado a valorar mis saberes y mis capacidades para seguir empujando, para abrir caminos a otras que nos harán más libres a todas y también para entender los sentires que atravesé por el estigma, por no saberme suficiente, en mi proceso de politización.

---

1   Helena Silvestre es militante brasileña, afroindígena y favelada, autora de varios libros, entre ellos *Notas sobre el hambre* (Buenos Aires: Mandacaru, 2021 / Sevilla: Avenate, 2024). Este taller, que supuso una experiencia transformadora para todas las que participábamos, fue organizado por La Laboratoria y el Museo en Red (MNCARS).

Los caminos que he ido escogiendo los tomo con todas sus consecuencias, buenas y malas, con las heridas del camino. Las espinas que clavé y las que me clavaron, los dolores que provoqué y los que tal vez siga provocando a gente querida con este libro. Hay quienes siempre han querido y quieren que me arrepienta de lo puta que he sido; eso no va pasar. Mi historia de vida y las de las compañeras que conocí a lo largo de mi vida me despertaron la consciencia. Me abrieron a conocer a gente con otros saberes, de otros lugares, con otras heridas abiertas.

No medí las consecuencias personales al embarcarme en este proyecto. Como no podía ser de otra manera, mirar hacia atrás duele, reabre heridas. Revisarse duele, reconocer que nos equivocamos y pedir perdón también duele. Pero hoy, ahora sí, estoy lista para lo que venga. Y sé que este libro está cosido con las cicatrices que llevo en el cuerpo. Ojalá mi feminismo sirva a las que no sabían de feminismo, como era mi caso no hace tantos años.

Por si no fuera bastante, «el secuestro del capítulo» coincidió con la visita de María Galindo a España para presentar su documental proputas, cuando años antes había boicoteado a nuestras compañeras en Bolivia. Meses antes había presentado junto a ella su libro en Sevilla y me lanzó un órdago para que yo también escribiera un libro. Yo la conocía de oídas y me dije: «Si esta es pensadora, yo también». En una hora estábamos de *enreo* en la puerta del evento con las Avenates, Luz Marina, Sandra Alerco, María Sánchez, Dani Barrera y Andrea entre otros aliades tramando un libro. A José Candón, a quien aprecio y cuyos saberes me atraviesan, le pregunté si mi historia de vida serviría para remover e incidir políticamente.

Lo tramamos, lo *enreamos,* para meses después estar hasta el mismísimo coño del libro. Tal y como iba, este libro llevaba camino de convertirse en una condena que una vez más me veía obligada a cumplir por no ser lo que se esperaba de mí. Pensaba: «No es muy orgullo puta, es *mu* proaliada, se le nota lo blanca, faltan datos, esperábamos más». Ya digo que estaba hasta el coño. Para colmo, ni yo misma me representaba con mi propia historia de vida cuando lo leía. Iba a ser mi sentencia del activismo puteril.

Todo dio un giro cuando conocí a Helena y a las Mujeres de Frente,[2] y volví a compartir con Comala, Territorio Doméstico, etcétera. Esa juntiña de grandes activistas que nos aporta La Laboratoria en su apuesta por pensar el feminismo sindicalista me puso los sentires en su sitio. También comencé una terapia para entender cuál es mi *pedrá* (resultó ser TDAH con altas capacidades) y conseguir un tratamiento. Aprendí a liberarme de culpas, a soltar, a cerrar puertas y abrir ventanas.

---

2   Colectivo de mujeres anticarcelario de Ecuador que también participó en las actividades organizadas por La Laboratoria en julio de 2023.

Con este libro pretendo desprenderme del estigma y dejar constancia de la lucha de una mujer que no sabía de nada y aprendió a base de palos, lágrimas, desprecio y humillaciones. Conoció a gente maravillosa y también a mucho desgraciado, tanto en el puterío como en los espacios de lucha.

Que lo que cuento sea una herramienta de lucha y mi despedida del activismo puteril. Llegó el momento, estoy a un *plis* de cumplir cincuenta años, vivo de alquiler social en el piso que me quitaron hace ocho años, resistiendo todavía desde 2011 con la vivienda.

El activismo no llena la olla, más bien nos la vacía aún más. Usaré todo lo aprendido para sacar rédito y tratar de mejorar mi calidad de vida y la de mi hijo. Me preparo para concluir mi lucha puteril en el mismo lugar en el que fui coronada como puta del pueblo: Sanlúcar la Mayor, mi pueblo. Ojalá que sea un 2 de junio, festejando el Día de la Lucha Internacional de las Trabajadoras Sexuales con la presentación de *La puta del pueblo*. A partir de ese momento, cerraré mi agenda de lucha puteril, salvo a lo que me haya comprometido antes. Con este deseo lanzo este libro que ahora tenéis entre vuestras manos.

I. CÓMO LLEGUÉ A SER LA FRESCA DEL PUEBLO

Por eso voy a mi aire.
María de la Colina

Nací en Sanlúcar la Mayor, un pueblo de Sevilla, en 1974, con la dictadura de Franco a punto de terminar. Entonces, se miraba a Francia con ojos de libertad no solamente por la democracia, sino por la libertad sexual. Aunque España, mayoritariamente, soñaba con la libertad que tenía Francia, una cosa es la libertad de las demás y otra la libertad de las tuyas. El patriarcado en España no se iba a caer por que llegara la democracia. Y, aunque mi familia me enseñó a ser más libre y creyera en la democracia, me educó —como a todas— para servir, cuidar y sostener.

Soy la mayor y tengo tres hermanos varones, que son el ojito derecho de mi madre, así que ya os podéis imaginar quién era la oveja descarriada en casa. Mi madre, como tantas otras mujeres, no quería tener hijos; los tuvo por mi padre. Así nací yo. Luego, mi primer hermano. Y el segundo. Por último, se llevó una sorpresa cuando se enteró de que estaba embarazada del tercero. Cuando llegó de parirlo, me lo tiró a los brazos y me dijo: «Aquí tienes tu juguete». Jamás le vi darle un biberón. Y así me pasé media infancia cuidando de mi hermano, limpiando y fregando; siendo el prototipo de buena mujer con tan solo nueve años. Por las tardes «trabajaba» en la droguería de mi madre unas horas, hasta que terminaba la telenovela a la que media España estaba enganchada —lo mismo hombres que mujeres—. *Doña Bella* era una telenovela erótica que iba sobre una prostituta que regentaba un burdel de lujo. En España fue un éxito. Los hombres no ponían el grito en el cielo cuando se encontraban unas papas con un huevo frito ni pensaban que fuera «comida de cabrón» —esa que se hace deprisa y corriendo, en vez de a fuego lento y con tiempo—. Si hubiese sido otra novela, a la mujer que cocinara así para su marido le habrían colgado el sambenito de mala esposa. Sin embargo, el poder sexual de doña Bella desdibujaba momentáneamente los roles de género. Mientras, las niñas nos encargábamos de las labores de cuidados de la casa y de los hermanos.

Por aquella época, como cualquier preadolescente, empecé a interesarme por otras cosas, como la moda. Tenía una tía que cosía para la calle y yo quería que me enseñara. Lo único que hacía mi tía era ponerme a quitar hilvanes y pelusas, pero nada de coser. Cuando le pedí a mi madre que me apuntara a clases de corte y confección, me dijo que no, porque debía hacerme cargo de mis hermanos mientras ella trabajaba. Como trabajaba, mi madre dejó de cocinar y yo tuve que aprender por fuerza para que comiéramos mis hermanos y yo. Tras una tragedia familiar, una de las alumnas que trabajaba en el comedor escolar dejó el puesto. Se cobraba 15.000 pesetas cada tres meses. Decidí sustituirla y con ese dinero pagaba mi comedor, el de mis hermanos y aún me sobraba para las clases de corte y confección.

Un año, para Reyes, cuando yo ya pensaba en novios, mi padre compró un vídeo VHS, que fue uno de los primeros del pueblo. ¿Adivinan qué películas veían a escondidas con sus amigos mientras a los niños nos mandaban a la habitación? Primero, las de destape y más tarde aparecieron películas porno escondidas en los rincones. Lo pregoné a todos mis amigos y, en cuanto tuvimos una oportunidad —mi madre había llevado a mi hermano a operarse de estrabismo— hicimos *rabona*[3] y aprovechamos para verla. Veinticuatro horas tardó mi madre en enterarse y ahí llegó mi cruz. Desde entonces, fui catalogada como fresca, ligerita de cascos y verdecilla. Sin saberlo, había entrado a formar parte del club de las descarriladas.

Viví la adolescencia siendo una mala hija que nunca se sintió querida y deseando crecer para poder marcharme. Esto, sumado a lo que ya me gustaba la juerga, hizo que me metiera en muchas malas fiestas. En aquella época, muchas adolescentes con quince años pedíamos dinero a nuestros padres para salir y lo primero que nos soltaban era: «Que te invite un muchacho y, si no, échate un novio». Al final te buscabas un novio para salir de casa. Parecía que el único camino posible para dejar de depender de la familia era pasar a depender de otro hombre. Me pasé unos años tonteando con unos y con otros, de modo que en el pueblo me veían como una fresca y muy activa sexualmente. Pero la verdad es que hasta los diecisiete años no mantuve mis primeras relaciones sexuales completas y fue con mi primer marido y padre de mi hijo mayor.

Cuando el pueblo te ve así, tú también te ves del mismo modo, porque te cuelgan el sambenito y eso ya no te lo quitas. Tanto es así que ni una misma es capaz de ver la violencia sexual que ha sufrido. Años antes, en el pantano de Aznalcóllar, cuando tenía doce años, estábamos todas las niñas bañándonos y se acercó el padre de una de ellas a jugar. No, a jugar no vino. Vino literalmente a meterme mano, que enmascaraba en un

---

3   *Rabona*: novillos, pellas.

juego de cosquillas en el que solamente «jugaba» conmigo y me cogía las tetas cada vez que podía. Yo le gritaba que se fuera y él solo respondía: «Es que esta niña es muy tonta». La etiqueta de fresca invalida tu palabra.

Me quedé embarazada con veinte años y me casé, como marcaban los cánones de todas las preñadas a principios de los noventa. Muchas nos imaginábamos un camino a la libertad, pero salíamos de una para meternos en otra peor. Pasamos de cuidar a nuestros hermanos a cuidar a nuestro marido e hijos y de depender de nuestra familia a depender de él. Como era de esperar, al poco tiempo me separé. Fueron muchos los matrimonios que, como el mío, no duraron ni tres años. Al final vuelves a casa de tus padres, pero no a vivir como antes, sino a vivir peor; oyendo reproches de toda tu familia: «Es que ahora no aguantáis *na*» o «¡Con la de dinero que me gasté en la boda y en arreglar el piso!». A muchas de nosotras, cuando volvimos a casa de nuestros padres nos despojaron de nuestro papel de madres y volvimos a ser las hermanas que cuidan. En casa, el ambiente se volvía asfixiante, porque, a ojos de tu familia, todo lo que hacías como mujer, hija o madre estaba mal visto. Y, como seguíamos siendo mujeres jóvenes con ganas de salir y pasarlo bien, buscábamos en la calle el cariño que faltaba en casa; en los brazos y en la cama de quien me daba la gana. Yo era sexualmente activa y dominante, y que me hubiera separado no iba a cambiar eso. A esto se juntaba la fiesta, así que salía y entraba de la cama con quien me daba la gana. O eso me creía yo: pensaba que era quien mandaba; sin embargo, no era así. Ellos me hacían pagar con *mamaditas de cortesía* todo aquello a lo que me invitaban; así pagué todas las rayas de cocaína que me metí. Con el paso de los años, te das cuenta de que las mujeres no mandamos cuando no somos conscientes de quién tiene el poder. Muchas mujeres pagábamos en especie las fiestas que nos pegábamos, aquellas que nos coronaron como malas mujeres. A mí me hicieron puta antes de cobrar, cuando, consciente o no, era yo la que pagaba los polvos y la fiesta.

Cuando entras en el catálogo de las mujeres indignas, ya toda tu vida se basa en tu coño, en lo que haces con tu vida sexual. Salirse del sendero de las mujeres dignas tiene muchas consecuencias. Por ejemplo, no tienes amigas y te encuentras más a gusto en los espacios masculinos, porque no te sientes constantemente señalada. Continuamente estás sometida a los murmullos y las miradas sutiles que se preguntan a dónde irás y con quién. Resistir en un espacio tan violento no es fácil, aunque yo en aquella época lo vivía como algo normal. Yo sabía que, si me salía del sendero de las mujeres dignas, me castigarían. Así fue antes y así sigue siendo ahora: la moralidad se mide desde el coño y a una se la juzga por lo que hace con él. De ahí la fama de mala mujer que sufrimos muchas, seamos putas o no. A esto hay que sumarle el estigma que sufrimos por malas madres y por falta de recursos económicos para volver a independizarnos. Claro, también depende de cómo se mire. En mi caso, todo el mundo me juzgaba hiciese lo que hiciese y condenaba, por ejemplo, que dejase al niño con su padre algunos días que no le tocaba.

NOTA 1. VIOLENCIA ECONÓMICA FEMINIZADA

Lo que llamo «violencia económica feminizada» nos hace depender toda la vida de un macho u otro. Esta violencia determina la vida de muchas mujeres, nos tiene arrodilladas. En mi entorno, en mi generación, hay muchos matrimonios unidos por la hipoteca, porque ninguno de los dos puede pagarla por sí solo y ninguno de los dos se puede ir. En muchos casos, las mujeres aguantamos a cambio de un techo, de no tener que volver con nuestros padres y porque no tenemos independencia económica. Hay mujeres que sufren maltrato a diario y no se pueden marchar por esa misma violencia económica. Aguantamos violencia a pesar de que, a muchas, la violencia familiar nos empujó a irnos cuanto antes de casa; pero tenemos la sensación de haber ido a peor. Las mujeres en esta situación ponemos en una balanza los dolores de nuestro cuerpo para averiguar cuál se puede resistir. Muchas mujeres se han separado cuando les niñes ya son mayores, después de haber aguantado durante años situaciones muy difíciles. Muchas veces, la separación es porque él ha encontrado a otra que le sirve mejor. Muchas aguantan hasta la adolescencia. Otras muchas son empujadas a salir de esa situación por sus propias hijas, porque las niñas les dicen: «Déjalo, que es un mierda. ¿Qué pintas tú ahí?». Yo creo que vamos a cambiar porque nuestras hijas nos empujan. La violencia económica feminizada nos arrodilla, hace que dependamos del macho.

Veo que en la actualidad cambian las formas, pero no la fórmula. Los jóvenes siguen usando las mismas tácticas para conseguir *mamaditas de cortesía,* aunque ahora con el argumento de la libertad sexual. Ahora no te compran la raya directamente a cambio de la mamada, sino que te invitan a un fiestón grande donde los platos de cocaína vuelan y todo el mundo puede meterse lo que le dé la gana, pero también todo el mundo termina acostándose con todo el mundo, porque ese es el pago. Se argumenta que eso es libertad sexual, pero me pregunto si muchas mujeres no están siendo proxenetas de sus propios cuerpos.[4] ¿De verdad tengo libertad para decidir si voy o no voy, si follo o no follo, cuando sufro violencia económica y patriarcal? ¿Mandamos todos por igual? No, porque el patriarcado sigue ahí. Creo que debemos preguntarnos si no le estaremos haciendo el juego al patriarcado con esto de la liberación sexual; pero no hablo aquí de las putas, sino de la gente en general. Todo el mundo vende su capital erótico.

El mundo capitalista se basa en el capital erótico.[5] Y así ocurre en todo: sales a la calle y no vas simplemente de fiesta, sino que vas a ciertos sitios porque sabes que están ciertas personas que te interesan para ciertos proyectos o para venderles algo —hay quien lo llama «hacer *networking*»—. Entonces, ¿la prostitución dónde está? La vivimos todas las mujeres, aunque no cobremos por follar; porque vendemos nuestro capital erótico y porque la sexualidad de los hombres ya no va solo de meter y sacar.

---

4   Así lo señalaba Mala Rodríguez en un programa de televisión: «Yo creo que lo único que ha cambiado en todo este tiempo es que antes usaban a las mujeres para sacar beneficio de sus cuerpos y ahora somos nosotras nuestras propias proxenetas […]. Hoy en día tienen más facilidad para explotarse ellas mismas. Tienen conciencia de que tienen un capital. Antiguamente, no eran conscientes de ese capital erótico». Véase «"Soy mi propia proxeneta": Mala Rodríguez revela la realidad de la industria musical», en *El Confidencial,* 24 de marzo de 2022, disponible en https://www.elconfidencial.com/television/programas-tv/2022-03-24/soy-propia-proxeneta-mala-rodriguez-revela-realidad-musical_3397583/

5   Sobre esta cuestión, se puede leer, entre otros: Eva Illouz y Dana Kaplan (2020): *El capital sexual en la modernidad tardía,* Barcelona: Herder, y José Luis Pestaña (2016): *La cara oscura del capital erótico. Capitalización del cuerpo y trastornos alimentarios,* Madrid: Akal.

En esa época comencé a vivir la violencia sexual dentro de mi casa y, como era una fresca, al principio pensé que lo estaba incitando. Después asumí que era porque estaba borracho, pero no porque yo lo viera así, sino porque avisé a su mujer y ella lo justificó de ese modo. Muchas mujeres de mi generación hemos sufrido violencia sexual dentro del seno familiar. Hace pocos años fui consciente de la violencia sexual que había sufrido: se me hizo visible a través de sueños y solo hace muy poco pude constatar que no eran sueños, que había sido una realidad, que había sufrido algo similar por parte de este hombre X. Hasta aquí, mi vida es similar a la de otras muchas mujeres, hayan terminado ejerciendo la prostitución o no. Sin embargo, eso será juzgado el resto de mi vida.

Al poco tiempo, me fui de casa para irme a vivir con mi hijo. Sucedió después de una bronca con mi madre, en la que me dijo: «¿Cómo te vas a independizar? ¿Te vas a meter a puta o qué?». Al principio trabajaba limpiando en una casa de lunes a viernes, pero no me daba para cubrir el alquiler y la comida. Al poco tiempo me quedé en paro y busqué todo tipo de trabajos en *Cambalache*.[6] Una de las veces, buscando empleo, me paré en la sección de «relax» y llamé a una casa de citas; dos días después estaba en Sevilla en la calle Luis Montoto, en una casa de citas que trabajaba a través de un *book* de fotografía. En esa casa no se realizaban los servicios, sino que íbamos a hoteles o a otra casa que se encontraba en la misma calle. Además, la casa de citas tenía también una página de contactos, donde los hombres pagaban por conocer mujeres para relaciones de amistad y amor; nosotras mismas nos hacíamos pasar por esas mujeres, nos invitaban a cenar o a tomar café y la dueña de todo esto nos pagaba por el servicio lo que habíamos estipulado antes. Las fotos del *book* a través del que trabajábamos no correspondían a ninguna de nosotras, sino que, según el perfil, la dueña buscaba quien se asemejara, puesto que las caras aparecían tapadas.

Entré a las once de la mañana y a las tres ya me hice mi primer servicio con un señor de setenta y tres años. Las compañeras me explicaron cómo tenía que actuar: «Imagínate al tío que te follarías si pudieras y fóllatelo». La encargada de la casa me explicó cómo era el cliente, que él también sabía que era mi primera vez y que no me preocupara. En ese tiempo ya me había follado a tantos tíos que no me ponían absolutamente nada que no me afectó esta primera vez, ni siquiera que fuera un hombre mayor, porque, si yo me hubiera podido follar a Sean Connery en esos momentos, lo habría hecho. Eso sí, estaba nerviosa, porque no sabía muy bien qué era lo que tenía que hacer y todo era demasiado frío, no estaba esa parte previa de tirarse la caña. Así que me duché con él y me dejé el grifo abierto. Cuando terminó el servicio, se habían inundado la habitación y media casa. Salvo ese detalle, no fue ni más ni menos que un polvo de tantos como los que había echado antes; rápido, de los que no te enteras. Ese día me sentí libre, pues sabía que no volvería nunca a casa de mis padres por problemas económicos ni a someterme a ningún tío por ese motivo.

---

6   Publicación de anuncios clasificados.

No sé si me sentí más libre cuando llené la nevera de mi casa o cuando pagué el primer medio gramo de cocaína y volví a casa sin meterme en la cama con nadie. Ese día aprendí que, independientemente de quién seamos y la relación en la que estemos, los límites en las relaciones sexuales los marcamos nosotras.

Cuando me entrevistaron en la casa de citas y me preguntaron qué servicio hacía, yo no tenía ni idea de qué coño hablaban. Pronto aprendí que por «servicio» se entiende qué tipo de relaciones sexuales estás dispuesta a mantener. Por ejemplo, si hacía griego (penetración anal), francés a pelo (sexo oral sin protección), si podían eyacular o no en tu boca, o si quería o no que me comieran el coño. También me preguntaron si hacía tríos, si hacía lésbicos y si los servicios prefería realizarlos en la casa de citas, a domicilio o en un hotel. El precio de los servicios también dependía del tiempo que se tardaba. En mis relaciones fuera de la prostitución, jamás me preguntaron nada; más bien, yo evitaba algunas prácticas que no he querido realizar ni ejerciendo la prostitución ni fuera de ella. A mí la prostitución me enseño a poner límites y a decidir qué hago con mi cuerpo. Desde finales de 1995, cuando cobré mi primer servicio, hasta el día de hoy, de lo que más me arrepiento es de todos los polvos que no he cobrado, excepto con el padre de mi segundo hijo. Y los únicos que perdono son aquellos con los que he disfrutado.

A partir de ese momento ejercí la prostitución durante una década. En esa casa de citas había compañeras con diferentes perfiles. La mayoría eran estudiantes y en época de exámenes te las encontrabas tiradas por allí con los libros. Después pasé a una casa de citas y masajes con final feliz en el barrio de La Macarena, donde trabajaba al 50 % de cada servicio. En este lugar ya no era por *book* de fotos, sino con un horario. Abría sobre las once de la mañana y a las once de la noche ya no se hacían servicios en la casa, pero se atendía en hoteles y domicilios. Yo elegí el horario de once de la mañana a nueve de la noche. Todos los días iba de Sanlúcar a Sevilla y esperaba a que viniese algún cliente, ya fuera para tener relaciones sexuales o para un masaje con final feliz. En el pueblo, para que mi familia no sospechara, al principio dije que trabajaba limpiando en una casa y luego en un bar, siguiendo los consejos de las compañeras. También me enseñaron a tomar medidas de precaución para evitar que algún cliente me reconociera.

A pesar de esas medidas de precaución, yo no conocía a toda la gente de mi pueblo. Me presenté a hacer un servicio a un cliente y su cara me sonaba. ¡Y tanto que me sonaba! Lo que pasa es que me enteré cuando ya me lo había tirado y le había cobrado. Al terminar, me dijo que yo había sido novia de su hijo y me quedé muerta. Un tiempo después, ese hombre se acercó a mi padre en un bar y, dándole una palmadita en el hombro, le dijo: «¡Ay, qué malamente te lo está haciendo pasar la niña, hijo!». En cuestión de unos meses, ya se había enterado medio pueblo. Así fue como pasé de ser la fresca de Sanlúcar a ser la puta oficial del pueblo.

II. MIS AÑOS DE PUTERÍO

Alma salvaje.
María Jiménez

Como era de esperar, al poco tiempo me fui de Sanlúcar, dejé a mi hijo con mi madre y empecé a compartir piso con dos hermanas en Sevilla, en la zona de La Macarena. Una de ellas ejercía la prostitución en el mismo sitio que yo, pero su hermana no lo sabía. Estuve allí un par de meses, hasta que me alquilé un piso para mí sola en El Tardón, cerca de la torre de Mapfre. Era un edificio de nueva construcción y, al cabo de dos meses, los trabajadores de la torre eran clientes potenciales nuestros. Al principio vivía y trabajaba sola, pero al poco tiempo compañeras que había conocido en las casas en las que había trabajado empezaron a pedirme «ocupar», es decir, hacer un servicio en mi piso.

En ese momento lo único que conocía era trabajar al 50 %, lo que me parecía demasiado, porque yo no quería lucrarme por el uso del espacio, solo estar acompañada. Entonces decidimos que aportaríamos el 30 %, basándonos en los ingresos de la compañera que menos ganase ese mes, para mantener el espacio. Cada una se pagaba su anuncio en la sección de «relax» que en aquel entonces ofrecían los periódicos, sobre todo el *Abc*. Los comerciales de este medio se ponían en contacto con nosotras y se pasaban por nuestra casa para redactar los anuncios. Los anuncios costaban cien pesetas por palabra si iba en negrita y sesenta normal. Si querías que saliera en los primeros puestos, tenías que pagar un 30 % más. Juraría que la mayoría pagábamos por salir en los primeros puestos, pero siempre aparecíamos en el mismo sitio. Con el paso del tiempo, he caído en la cuenta de que serían los de la patronal.

Como era de esperar, al cabo de un tiempo empezamos a tener problemas con el vecindario, bien porque los clientes se equivocaban cuando llamaban al porterillo, porque nuestros tacones sonaban mucho o porque utilizábamos demasiado el ascensor. Hasta tal punto que un día, con la excusa de comprobar el estado de la terraza, entraron los vecinos para saber qué hacíamos allí dentro. Otro día, cuando acabé un servicio fuera y volví al piso, me encontré con que habían montado una concentración contra nosotras en el rellano. Insistían en que nos fuéramos y alegaban que estábamos dando mal ejemplo a los niños. Nos fuimos y tuvimos que buscar otro espacio para trabajar.

En mi caso, me fui a una whiskería, un local donde alternas con los clientes y te pagan la mitad del importe de las copas a las que te invitan. Mi experiencia en la whiskería era estar en un pub donde te invitan a copas, porque pocas veces subía a la habitación a hacer un servicio. En esos espacios alternaba más, especialmente en los reservados, que prestar servicios sexuales. El perfil habitual de mis clientes era el de un empresario que iba al local a cerrar un contrato. Uno de los días que estaba trabajando allí, apareció un amigo de mi exmarido. Cuando terminé de trabajar, me fui de fiesta con él. Al poco tiempo, mi exmarido me amenazó con quitarme la guardia y custodia de mi hijo y me dijo que tenía fotos en las que yo aparecía entrando y saliendo de un club. Después me enteré de que su amigo y él lo habían preparado todo con la ayuda de un detective privado.

En esa situación, actué con los saberes que tenía y siempre intentando hacer el menor daño posible a quienes estaban alrededor. En ese momento, para mí era inviable hacerme cargo de mi hijo. Por ese motivo y ante la expectativa de que un juez me quitara la custodia por puta, pensé que era preferible cedérsela a mi exmarido de forma voluntaria. Pensé que en unos años se le pasaría la mala leche y podría recuperar a mi hijo, mientras que, si me lo quitaba el juez, eso sería imposible. Renuncié a mi hijo, que, con los saberes que tengo ahora, es de lo único que me arrepiento de todo mi puterío. Muchas parejas de prostitutas utilizan que ejercemos o hayamos ejercido para amenazarnos con quitarnos a nuestros hijos. Por eso, muchas veces no los denunciamos aunque no nos pasen la pensión o no se responsabilicen de sus hijos. También nos amenazan con contar a nuestra gente —nuestros hijos incluidos— que nos dedicamos a la prostitución. En muchos casos, recurren a la vida que tenemos o hemos tenido para conseguir la custodia ante un juez. Mejor dicho, se aprovechan del estigma que implica esa vida.

Después de eso, yo ya no tenía de qué esconderme ni nada que perder. Así que empecé a trabajar en clubs grandes en la periferia de la ciudad. Comencé en Los Daneses, en Camas. Mi horario era de cinco de la tarde a cinco de la mañana, jornadas de doce horas. Con el club acordaba servicios de treinta minutos, cuarenta y cinco minutos o una hora. El club no entraba en qué servicios realizábamos en las habitaciones, porque los clientes pagaban por usar la habitación. Recuerdo que el precio era 2.000 pesetas por treinta minutos y 4.000 por cuarenta y cinco. Las consumiciones en el local funcionaban como en las whiskerías: al 50 % del valor de cada copa a la que nos invitaban. Cuando terminaba el último servicio, volvía a mi casa; yo era de las pocas que vivían fuera del club.

En los clubs, por lo menos cuando yo empecé, se trabajaba «de plaza». Esto significaba que trabajabas veintiún días y descansabas siete, que eran los días en los que estabas con la menstruación. Si estabas con la regla, en aquella época ningún club te quería. Así que, mira tú por dónde, nos daban una semanita de descanso; obligatorio, claro. Por supuesto, aunque no trabajases, tenías que pagar el hospedaje. Las compañeras organizaban sus plazas teniendo en cuenta cuándo les iba a bajar la regla. Después aparecieron las esponjas vaginales, que entonces te las vendían en los clubs y en algunos *sexshops*. Es un trozo de esponja, normalmente de color rosa, en forma de cono, como si fuera un támpax, que sirve para taponar la sangre mientras estás con el cliente. Desde que eso se puso en marcha, ya no es necesario que las temporadas de trabajo sean de veintiún días, aunque se sigue denominando ir «de plaza».

Los clubs, en su gran mayoría, se encuentran en la periferia urbana, en polígonos industriales o alejados de las zonas residenciales de la ciudad. Por eso, durante los veintiún días que duraba la plaza muchas compañeras no salían del club y todo lo necesario, los recursos más básicos, desde gel de baño hasta támpax, los traían al club a un precio desorbitado. En muchas ocasiones, las peluquerías y estéticas de los pueblos cercanos al club llegaban a un acuerdo con el dueño y pasaban a darnos sus servicios dentro del club con un precio mucho mayor del que se ofrecía fuera. Se nos aplicaba un porcentaje por todo: por no tener posibilidad de desplazarte, por un horario incompatible, por no tener libertad de movimiento. Ese tipo de abuso económico que sufrimos las trabajadoras sexuales en muchos espacios donde se ejerce la prostitución muchas veces no está relacionado con nuestros coños, sino con no tener reconocidos nuestros derechos.

Se supone que al pagar un hospedaje no existe una relación directa con el dueño del club, pero claramente hay una relación laboral: hay un horario de trabajo, que es el horario del club, y estás obligada a captar clientes. La ventaja de los clubs es que tienes el techo asegurado, si bien, aunque no tengas servicios por la noche, tienes que pagar tu cama igual. Dormíamos donde trabajábamos y terminábamos a las seis de la mañana. Cuando empecé a trabajar en clubs, había muchas mujeres latinoamericanas; después llegaron las mujeres de Europa del Este. Me sorprendió que mayoritariamente fueran compañeras migrantes, ya que en las casas de citas eran minoría. Mis compañeras solían enviar mucho dinero a su país, porque se hacían cargo de toda la familia.

La diferencia de los clubs respecto a las whiskerías es que en estas debíamos estar contratadas como camareras de alterne. Sin embargo, no siempre estábamos contratadas y pagábamos como huéspedes las habitaciones que había en el local. La patronal extrapoló esta fórmula y creó un nuevo modelo de prostitución, donde los que más se beneficiaron, una vez más, fueron ellos, los empresarios. Felipe González reguló está práctica y se crearon los clubs. Entonces dejamos de ser camareras de alterne —con un blindaje y unas condiciones reconocidas— y pasamos a ser simplemente huéspedes que pagábamos por una habitación del club como si se tratase de un hotel. Se dejó de reconocer la relación laboral, aunque existiese, y a ojos de la administración pública y del negocio ya éramos huéspedes, a pesar de que seguíamos ejerciendo la prostitución y generando dinero. Este modelo nos ha recortado derechos, porque en la práctica no tenemos los que se le presuponen a la huésped de un hotel ni tampoco se nos reconoce la relación económica que *de facto* existe. Ese es el modelo de prostitución actualmente vigente en los clubs de alterne. Lo único que ha desaparecido son nuestros derechos.

NOTA 2. PROSTITUCIÓN Y MATERNIDAD

En su muy recomendable libro *Puta feminista*,[7] Georgina Orellano, secretaria general de AMMAR (Asociación de Mujeres Meretrices de Argentina) y referente internacional en la lucha por los derechos de las trabajadoras sexuales, cita una encuesta de 2009 realizada por el Ministerio de Salud argentino para dar un dato demoledor: en ese país, el 86 % de las personas que ejercen el trabajo sexual son madres y jefas de hogar, tienen a su cargo entre uno y siete hijos y sus ingresos sostienen todo el entorno familiar. La cifra sorprende en primer lugar porque el imaginario formado a lo largo de los siglos afirma que la prostituta es la antítesis de esa buena mujer que es la madre-esposa.

Se nos ha dicho que las madres no follan y que las putas no son madres. Sin embargo, el 86 % de las putas argentinas son madres y apostaríamos que la gran mayoría de las madres follan, ya sea cobrando o no. En palabras de Georgina Orellano: «La puta no es pensada como madre, la madre jamás es pensada como puta. En la maternidad se santifica a la mujer: una vez que parió, ya no coge, no sale de su casa, todo debe girar en torno a sus hijos». A Georgina también estuvieron a punto de quitarle a su hijo por ser puta. Logró evitarlo, pero muchas compañeras no tienen tanta suerte.

El estigma puta, además, se hereda de madres a hijes. Ningún insulto es peor que ser un «hijx de puta». La expresión «hijx de puta» como insulto nos culpa a las madres por ser madres y por ser mujeres, y nos degrada por ser putas. Que sea un dicho no significa que esté bien dicho. Como sabemos que ser trabajadora sexual no es ningún insulto, las compañeras de AMMAR nos enseñaron a decir «hijx de yuta» (policía), mucho mejor que ese «hijo de putero» que algunas promueven a este lado del Atlántico. Pero el estigma no se puede superar cambiando el concepto, sea «hijos de yuta» o la versión «hijos de cura», que al final apunta a otra «mala mujer» por haberse liado con un cura. Dejemos a los hijos —y a sus madres— en paz. El estigma que sufren muchxs de nuestrxs hijxs no es solo por putas, sino por malas mujeres. Y esos dolores no pocas veces llevan a problemas de salud mental. Las putas politizadas y sus aliadas, las que nos organizamos para combatir el estigma, no solo peleamos por nuestros derechos laborales y vitales, sino por el derecho de nuestrxs hijxs a crecer en plena conciencia de su dignidad.[8] Y peleamos también por todas las mujeres, porque bien sabemos que el estigma puta nos golpea a todas, del mismo modo que la sacralización de la maternidad.

---

7   G. Orellano (2023): *Puta feminista. Historias de una trabajadora sexual,* Barcelona: Virus.

8   Sobre maternidad y trabajo sexual se puede leer *Con qué sueñan los hijos de puta,* de Karina Núñez (Montevideo: OTRAS, 2022), o ver su documental *La mala reputación* (dirigido por Marta García y Sol Infante Zamudio, 78 minutos, Uruguay-Argentina, 2024). También se puede consultar el folleto de AMMAR sobre esta cuestión. Para España, en el informe del Comité de Apoyo a las Trabajadoras del Sexo (CATS) *Las prostitutas hablan de violencias: una investigación cualitativa-cuantitativa con 318 participantes* (2024) se señala que «el 66 % son madres, de las cuales el 49 % son madres solteras» (p. 24); este informe se puede descargar en https://www.asociacioncats.es/wp-content/uploads/2024/03/investigacion-23.pdf

Durante un tiempo trabajé en clubs de la periferia de Sevilla y lo compatibilizaba con salidas a hoteles y a domicilios, puesto que mantenía mis anuncios en prensa. En aquella época ni siquiera sabía si la prostitución era legal o no. Yo creía que sí, porque había anuncios en los periódicos donde se ofrecían puestos de trabajo, porque los clubs y las whiskerías estaban abiertos incluso después de las redadas y porque en la calle había prostitución. Yo, como muchas otras, cuando empecé en el trabajo sexual no lo consideraba un trabajo, aunque hablase de él como si lo fuera. Cuando iba al club decía: «Me voy a currar». Para mí era un medio de vida con el que podías solucionar problemas económicos. En los años noventa, la mayoría llegábamos a la prostitución por la pobreza. Años después, cuando ya llevaba bastante tiempo ejerciendo, seguía sin reconocerme como «trabajadora sexual». De hecho no conocía ese término, ni tampoco palabras como «regulación» o «abolición». No tenía nada de conciencia sobre el «trabajo sexual». Mejor dicho, aunque no lo sabía, de alguna manera sí la tenía, porque, cuando la gente me preguntaba si estudiaba o trabajaba, yo no tenía ningún reparo en decir: «Trabajo, soy puta».

GAJES DEL OFICIO

En la época en la que compatibilizaba servicios dentro y fuera del club sufrí mi primera y única agresión mientras ejercía el trabajo sexual. Fue en una salida a domicilio en Dos Hermanas. Eran las tres de la mañana y había confirmado mis servicios a un chico. Cuando llegué a la casa, me pagó y mantuvimos relaciones sexuales, tal y como habíamos acordado. Cuando terminamos, me vestí. Salí de la habitación y en el salón había otros tres chicos. Dicen que las madres tienen un sexto sentido, que se nos estruja la boca del estómago y se nos acelera el corazón cuando presentimos que algo malo les va a pasar a nuestros hijos y entonces comenzamos a llamar a gente para asegurarnos de que todo esté bien. Creo que a las putas también nos pasa, que olemos la desgracia a lo lejos, y eso pintaba muy mal. Caminé hacia la puerta de salida del piso y me despedí cordialmente de los chicos del salón. Unos segundos después, uno de ellos me cortó el paso mientras otro se ponía detrás de mí. Me quedé blanca y no pronuncié palabra. Solo alcancé a ver que el chico que me había contratado se iba de la casa después de decir: «Me voy, que no quiero problemas».

Me quedé paralizada. No me defendí mientras esos tres tíos me violaban. Yo he estado metida en peores fregados y, con toda mi mala leche, nunca me dio miedo romper un botellín y plantárselo a cualquiera en el gañote, pero en ese momento no hice nada. «¿Por qué no me he defendido?», me preguntaba cuando salí del piso al amanecer, dolorida y a medio vestir.

Llegar a la comisaría fue toda una odisea, pero nada comparado con lo que me esperaba allí.[9] Cuando fui a poner la denuncia, lo primero que hicieron fue preguntarme si estaba segura de que me habían violado. Insistían en que quizás lo que había pasado era que me había ido de fiesta con ellos y nos habíamos desmadrado. También me recriminaban que me hubiera ido con tantos tíos yo sola, que eso solo lo hacen las putas. Entonces les expliqué que yo era puta y que había hecho un servicio con una persona con la que lo había acordado, pero que mi cliente se había ido y los otros tres me habían violado. Cuando los policías entendieron que yo era puta, puta de las que cobran, me dijeron que lo que me había pasado eran «gajes del oficio».[10]

Hoy en día, cuando hablo con compañeras que han sido violadas, hayan sido putas o no, nos damos cuenta de que muchas nos hemos quedado bloqueadas ante esa agresión; no hemos gritado ni nos hemos defendido. Tras muchos años de conciencia feminista adquirida, pienso que bloquearnos, entrar en *shock*, es la mejor defensa. Muchas estaríamos muertas si hubiéramos reaccionado de otro modo.

Tras este episodio de violencia, me hundí y dejé de trabajar por un tiempo. Para contrarrestar la rabia que sentía, me corría cada vez más fiestas, tenía sexo con capullos gratuitamente y consumía más cocaína. Con este panorama, dejé de pagar el alquiler del piso. Me fundí todo lo que había ahorrado en fiestas y al final me quedé sin casa. La única opción que me quedaba era hacer plazas en los clubs. A partir de entonces, recorrí clubs de toda España. Siempre trabajé pagando mi hospedaje, nunca iba a porcentaje de los servicios. Ahora lo más habitual en los clubs es trabajar a porcentaje, pero en aquella época no era así.

---

9   Además de por la culpabilidad o por el miedo a que no te crean, muchas mujeres no denuncian una violación por la vergüenza de admitir públicamente que se ha sufrido el abuso y ver su imagen y su cuerpo vinculado a esos hechos. A este respecto, ha sido muy relevante la valentía de Giséle Pelicot, que quiso que fuera público el juicio contra su marido y otros 51 hombres por violación bajo sumisión química «en nombre de todas esas mujeres que tal vez nunca serán reconocidas como víctimas»: la vergüenza tiene que cambiar de bando. Se pueden leer sus declaraciones en «La víctima de 72 violaciones en Francia: "Quiero que ninguna mujer sufra esta sumisión química"», RTVE, 5 de septiembre de 2024, disponible en https://www.rtve.es/noticias/20240905/victima-72-violaciones-francia-sumision-quimica/16237280.shtml

10 En esta misma línea argumentaron tras una violación a una joven en Murcia: «"La Manada de Murcia" niega la violación en grupo a una mujer porque era prostituta», en *Público,* 10 de mayo de 2018, disponible en https://www.publico.es/politica/violencia-machista-manada-murcia-niega-violacion-grupo-mujer-prostituta.html

NOTA 3. VIOLACIÓN, *SHOCK* Y LA DESPENTES

Quedarse en *shock* en el momento de una violación es muy habitual, incluso cuando la mujer violada es una persona fuerte, aunque tenga un carácter agresivo. Este relato de la violación resuena con el que hace Virginie Despentes en su *Teoría King Kong*, publicado en francés en 2006.[11] Aquí, Despentes se pregunta por qué ella misma se quedó en *shock* cuando fue violada, siendo una joven punk. A pesar de que tenía una navaja en el bolsillo y de que no habría dudado en usarla en otro contexto, fue incapaz de defenderse. La novelista francesa concluye que la violación es algo propio del hombre, lo único de lo que la mujer, hasta ahora, no ha podido apropiarse. Despentes nos propone resignificar lo que significa una violación de la mano de la controvertida feminista Camile Paglia, que animó a las mujeres a contrariar el mandato patriarcal que dice que una violación es algo que debe traumatizarnos para siempre. Si te violan, sigue adelante, levántate, sacúdete el polvo y asúmelo como algo inevitable a lo que nos arriesgamos las mujeres cada día al salir a la calle.[12] Sucumbir al mandato de la victimización sería asumir que, tras un acto de violencia sexual, perdemos algo irrecuperable. Es decir, que el coño es sagrado.

Esta visión patriarcal y moralizante se encuentra detrás de los argumentos de cierto feminismo abolicionista que se escandaliza con la posibilidad de intercambiar sexo por dinero —en un mundo donde todo se intercambia por dinero—, porque en el fondo considera el coño tan sagrado como los mismísimos padres de la Iglesia. Esa misma moralina, al mismo tiempo, sostiene la naturalización de la violencia contra las mujeres. Cuando las abolicionistas insisten en que todo trabajo sexual es una violación, nos están impidiendo la misma posibilidad de denunciar que nos han violado. Están refrendando que las agresiones sexuales son «gajes del oficio».

Las putas enfrentan violencia por ser mujeres y no por ser putas. Las putas están expuestas a violaciones, sí, pero no más que cualquier trabajadora del hogar,[13] ni que cualquier mujer que decide ser libre, ni, por cierto, que cualquier esposa, porque es sabido que muchísimas veces el violador es la pareja.[14]

---

11   Virginie Despentes (2007): *Teoría King Kong*, Melusina.

12   Para un abordaje más amplio de este argumento, véase Nazaret Castro y Pilar Pinto (2019): «La violación como proyecto político, el terror sexual y el contrarrelato feminista», en *Revista Amazonas*, disponible en https://www.revistaamazonas.com/2019/07/07/la-violacion-como-proyecto-politico-el-terror-sexual-y-el-contrarrelato-feminista/

13   Se pueden ver cifras en el informe de Sílvia Bofill Poch y Norma Véliz Torresano (2019): *Una violència oculta. Assetjament sexual en dones migrades treballadores de la llar i les cures,* Barcelona: Fundació Josep Irla: «Por ejemplo, según un cuestionario regional realizado a 80 mujeres del servicio doméstico, el 41 % denunció insinuaciones y "comentarios vulgares" de carácter sexual, el 28 % ha sufrido aproximaciones sexuales excesivas o tocamientos indeseables, el 10 % fue solicitada explícitamente para tener relaciones sexuales con sus empleadores y el 10 % sufrió abuso sexual».

14   En el 80 % de los casos, los agresores sexuales son conocidos de la víctima, según el informe de SEXVIOL, un grupo de trabajo para el estudio de las violencias sexuales formado por académicas de la Universidad Complutense de Madrid, la Universidad de Jaén, la Universidad Carlos III de Madrid y la Universidad de Valencia. Véase «El 80 % de las agresiones sexuales se producen por conocidos de la víctima», en *Público*, 14 de diciembre de 2022, disponible en https://www.publico.es/sociedad/80-agresiones-sexuales-producen-conocidos-victima.html

En ese tiempo que pasé en los clubs, cambié de estrategia. Ya me había dado cuenta de que casi todos los hombres que venían regresaban a su casa con remordimientos de conciencia; siempre los mismos: el dinero que se habían gastado de fiesta, lo tarde que era, qué excusa le ponían a la parienta… También había comprendido que para muchos machos las malas mujeres somos meros juguetes sexuales, así que para mí los tíos pasaron a ser solo cajeros automáticos. Me convertí en una sanguijuela y aprendí todo lo que les interesaba a los hombres: me compraba periódicos de deportes y el *Interviú*, aprendí sobre motos, coches y drogas, todo ello para dar mucho palique y alargar las horas de servicio. No me interesaban las copas en el club, sino que subieran a la habitación, donde cobraba por el tiempo invertido. A estos cabrones se les bloqueaba la tarjeta de crédito después de follar, así que había que alargar la noche como fuera.

A la vez que utilizaba esa estrategia con los hombres para conseguir de ellos el máximo beneficio, comencé a relacionarme con otras compañeras. Empecé a conocer sus historias de vida y a sentir verdadera empatía, a pesar de que en el club éramos «competencia». Un día, cuando terminé mi jornada me encontré a una compañera llorando, porque se le habían acumulado tres días de hospedaje y además tenía que enviar dinero para matricular en el colegio a sus hijos. Le ayudé a pagar el hospedaje. Hasta ese momento no me había dado cuenta de que no todas trabajábamos lo mismo, que es el cliente el que elige y, aunque nosotras podemos rechazarlo, cuando te encuentras ahogada económicamente tienes que aceptar todo. En muchas ocasiones esta asfixia económica se debe a que de ti depende toda tu familia o tienes una deuda migratoria que necesitas saldar.

A partir de entonces, cuando llegaba una compañera nueva o yo iba a un nuevo club a hacer una plaza, mapeaba la situación para averiguar qué compañeras trabajaban menos y pensar cómo podíamos apoyarlas; por ejemplo, compartiendo servicios de tríos o facilitándoles clientes.

Otra de nuestras estrategias era hacernos cómplices de los camareros para que nos contaran cómo era la clientela y saber qué perfil tenía cada hombre que visitaba el club. Así sabíamos qué teníamos que hacer y no perdíamos el tiempo.

Otra de las cosas que cambiaron mi visión del mundo fue el día en el que una de mis compañeras migrantes me contó que iba a hablar con el encargado para traer a una vecina suya a trabajar a España. Yo jamás le había preguntado cómo había venido —hoy sé que a eso se le llama preguntar por su proceso migratorio—. Ahí comencé a hacerme preguntas del tipo: «Pero ¿cómo han llegado aquí, si muchas de ellas en su país no tenían dinero para pagarse el vuelo? Si son ellas las que mantienen sus hogares desde aquí…». Por aquel entonces yo no tenía conciencia de clase ni feminista ni antirracista, ni era consciente de mis privilegios como blanca. No conocía nada, pero tenía rabia, esa rabia con la que te enfrentas al estigma; y también empatía y fuerza para ofrecer lo que tenía para mejorar la vida de quien estaba enfrente. No disponía de los saberes que manejo ahora, pero para mí estaba muy claro que, si yo tenía algo que les valiese por gozar un privilegio que ellas no tenían, había que darlo.

Desde el momento en que la compañera me explicó que su vecina iba a venir, me impliqué para ayudarles y evitar que tuvieran que recurrir a los dueños del club. De ese modo no les deberían nada a ellos, que les triplicarían el precio. Para costear que sus vecinas, amigas y compañeras llegasen desde sus países, entre unas cuantas hacíamos vaquitas (colectas) y así no tenían que endeudarse con hombres. También escribíamos las cartas de invitación, ya he perdido la cuenta de cuántas hice y cuántas veces pedí a personas españolas que nos ayudaran a redactarlas.

En los años que estuve trabajando en los clubs, fui desarrollando una *enganchaera* a la cocaína muy seria. Hubo un día que supuso para mí un punto de inflexión. En un club de Chiclana, después de un servicio, me encontré a un cliente en un baño con una sobredosis de heroína. Aún tenía la aguja clavada en el brazo. Esa imagen me impactó muchísimo. Cuando salí de trabajar, llamé a casa de mis padres. Mi hijo, que aún era pequeño, cogió el teléfono y me dijo: «Tú nunca más vas a venir a verme». Esa noche me pegué una gran fiesta yo sola, de esas en las que casi te matas. Acabé la noche o, mejor dicho, la mañana frente al centro de desintoxicación de Chiclana. Me metí las dos últimas rayas antes de entrar por la puerta. Cuando salí del centro, terminé mi ciclo en los clubs, pero seguí haciendo plazas.

En mi época en los clubs, jamás me encontré con nadie de entidades sociales, de la industria del rescate. El único rastro que encontré de su presencia fue en los pasillos y las escaleras que llevaban a las habitaciones, porque todas estaban empapeladas con carteles de Médicos del Mundo. En ellos solo indicaban que se pasaban por allí para hacer las pruebas del VIH. Eso era lo único que aparecía escrito y lo que parecía preocuparles. Los anuncios y las pruebas solo se dirigían a las trabajadoras sexuales, jamás a los clientes. Me parece vergonzoso que, tanto en ese momento como ahora, las entidades sociales vayan a los clubs solo para hacer las pruebas del VIH y que estas sean solo a las trabajadoras. Es decir, las entidades sanitarias tienen vigiladas a las trabajadoras sexuales y mantienen esos espacios limpios de VIH, de modo que muchos clientes sienten la suficiente «seguridad» como para querer no usar preservativo.

Es difícil contar en estas páginas todos los abusos de los que fui testigo aquellos años, sobre todo contra nuestras compañeras migras, que tan limitada ven su capacidad de movimiento por una ley de extranjería racista y abusiva. En las casas de citas a veces era incluso peor que en los clubs.

En Jerez, el novio de la dueña de la casa era policía local y él mismo montó otra casa. En una casa en Huelva en la que yo misma trabajé de encargada, los vecinos empapelaron el edificio y nos denunciaron por putas. Logramos ganar el juicio gracias a que el hijo de la casera fue el abogado. En aquella casa, los policías amedrentaban a las compañeras migras y venían a follar por la cara con permiso de la dueña. Yo no consentí que mis compañeras hicieran ningún servicio si no se les pagaba antes, así que me acosaron y abusaron de su uniforme para identificarme, registrarme y, casualmente, me encontraron varios gramos de cocaína. Como en aquel momento yo no tenía ni los saberes para defenderme ni la red para sostenerme, me costó meses librarme de todo aquello.

LAS MALAS MUJERES

Cuando salí de los clubs, me fui a vivir a un estudio en San Fernando. Comencé a trabajar en un piso de citas en Cádiz; merecía la pena, ya que había grandes eventos en los que se podía ganar bastante dinero. Yo era la única chica, todos mis compañeros eran hombres para clientes hombres también. Esa experiencia fue muy importante para mí, porque comencé a crear hermandad, a construir una familia elegida. Sin embargo, mi etapa anterior seguía coleando. En esa época, en la que me sentía resguardada con mis compañeros en Cádiz, estaba liada sentimentalmente con el camarero del último club en el que había trabajado. Nos unían la fiesta y el sexo, pero cuando la fiesta terminó y me alejé de la cocaína se convirtió en un demonio dictador. Llegó a tal extremo que me encañonó con una pipa, que nunca llegué a saber si era de verdad o de fogueo, delante de mis compañeros en la casa de citas de Cádiz.

Después de desengancharme de la cocaína, seguí un proceso de rehabilitación fuera del centro; fue una época difícil para mi salud mental. Solo salía a la calle de noche y me pasaba el día encerrada en casa. No quería que nadie me viese, porque creía que tenía tatuado en la frente: «Soy puta». Pensaba que se me notaba lo puta que era en mi ropa, en cómo me comportaba. Me sentía señalada por ser una mala mujer en todos los aspectos: por haber consumido, por haber dejado a mi hijo, por no ser la madre, novia, hija y esposa que debía haber sido. Pero, sobre todo, por ser prostituta.

Cuando las malas mujeres queremos ser buenas, no nos dejan por la historia que nos precede. Parece imposible que te vean como una mujer buena. Muchas mujeres catalogadas de malas —seamos trabajadoras sexuales o no— tenemos que irnos del lugar donde hemos vivido. A veces es porque el padre se niega a reconocer a su hijo y eso supone una vergüenza para toda la familia —para la nuestra, no para la del padre, claro—. Todo el mundo te repite que debes cambiar de vida por el bien de tu hijo, pero nadie te explica cómo. Si lo intentas con ganas, todos piensan que no lo estás haciendo bien y nadie te aporta herramientas. Duele mucho ser juzgada, aunque a veces nos apropiamos de esas acusaciones para mandar a alguien a la mierda.[15]

El proceso psiquiátrico, mi primer proceso psiquiátrico, me hizo ver que daba igual cuánto me esforzara, porque seguiría siendo una mala mujer. Nadie proporciona herramientas a una mala mujer para que pueda cambiar su situación de vida, porque a las mujeres nos quieren arrodilladas. Arrodilladas para ser buenas amas de casa, «amigas con derechos», putas y lo que quieran que seamos.

Por la mala vida que habíamos llevado, las únicas herramientas a nuestro alcance eran los antidepresivos. Mi *enganchaera* por los ansiolíticos fue aún más gorda que la de la cocaína. Estaba enganchada a los ansiolíticos, relajantes musculares y antidepresivos. Un enganche que combiné, debido a la situación extrema y la falta de herramientas, con la cocaína otra vez. Afortunadamente ya no bebía alcohol en aquella época, porque estoy segura de que no habría levantado cabeza. Me quité de los ansiolíticos a dolor (a pelo), porque con ellos me sentía muerta en vida.

En esa época me di cuenta de la cantidad de gente que vivimos con una *pedrá* en la cabeza. Yo no estaba diagnosticada de lo que tenía, solo me decían que depresión y poco más. Me trataron como les pareció a ellos. Ahora tengo bastante claro que el mercado farmacéutico tiene que ver con los medicamentos que nos recetan y según vaya el mercado nos darán una cosa u otra. No tenía depresión, pienso que nunca la tuve o, si la tuve, fue producto de otras *pedrás* sin diagnosticar. Hace unos meses me diagnosticaron TDAH (trastorno de déficit de atención e hiperactividad). Ahora me coloco de anfetamina, que me la recetan para que pueda concentrarme. Desde febrero de 2023 mi vida es otra gracias a un verdadero diagnóstico. Posiblemente, si me hubieran tratado en mi adolescencia, no habría estado tan enganchada a distintas sustancias a lo largo de mi vida.

Pero creo que mis problemas de salud mental no vienen de haber sido trabajadora sexual, sino de mi vida anterior. Sin embargo, siempre me estudian por ser puta y no por lo que viví antes, es decir, por ser una persona dentro de un contexto machista, patriarcal y pobre.

---

15   Para profundizar en esta cuestión, se puede leer *Lunática*, de Lucía Momoitio (Madrid: Libros del KO, 2022).

NOTA 4. CONTEXTO DE LA PROSTITUCIÓN EN ESPAÑA

Al contrario de lo que pueda percibirse, la prostitución en el Estado español no es ilegal. El Código Penal no recoge ninguna prohibición específica al respecto, es decir, la prostitución se halla en una especie de limbo legal que lleva a que en España se encuentre en una indefinición jurídica general.[16]

Que se encuentre en un espacio «alegal» no quiere decir que a lo largo de los años no se hayan tomado decisiones políticas y represivas al respecto, en su mayoría encaminadas a perseguir a las trabajadoras sexuales. Como se cuenta más arriba, a finales de los años ochenta se adoptan una serie de medidas que desplazan el negocio de la prostitución desde las whiskerías —donde las trabajadoras eran contratadas como camareras— a los clubs —en los que las mujeres pierden ese marco legal y pasan a ser huéspedes de un supuesto alojamiento que les ofrece el propio club—. Las políticas de Felipe González supusieron una regularización del negocio a medida de los empresarios, al tiempo que olvidaba y recortaba los derechos de las trabajadoras.

Este modelo de prostitución de clubs y macroclubs sigue vigente en el país. En el 2000 se creó ANELA,[17] una asociación de empresarios de clubs de alterne tras la que se encuentran grupos de ultraderecha, como España 2000. En sus más de dos décadas de actividad, no ha sufrido ningún señalamiento por parte de los distintos gobiernos ni de los movimientos abolicionistas, al contrario que los diversos colectivos de trabajadoras sexuales.[18] Sobre el trabajo para terceros, el informe de CATS *Las prostitutas hablan de violencias* señala: «El 50 % de las mujeres ha expresado abusos: no poder dormir al menos 8 horas seguidas (57 %), tener que hacer sexo oral sin preservativo (56 %), se quedan con una parte importante de lo que ganan (44 %), tener que trabajar más de 8 horas seguidas (39 %), no estar protegidas ante clientes violentos (36 %) y no poder descansar si están enfermas o con la menstruación (33 %). Además, muchas de ellas expresaron sufrir maltrato por parte de empresarios/as, encargados/as o las propias compañeras».[19]

---

16   Los distintos modelos de regulación de la prostitución a nivel mundial: alegalidad perseguida, prohibición total, mercantilización regulada por el Estado, persecución de los clientes y despenalización del trabajo sexual (por la que abogan las activistas proderechos) se pueden ver en Juno Mac y Molly Smith (2020): *Putas insolentes. La lucha por los derechos de las trabajadoras sexuales*, Madrid: Traficantes de Sueños.

17   Ter García (2018): «Los empresarios que se lucran con los clubes de alterne sí están organizados», en *El Salto*, 27 de noviembre, disponible en https://www.elsaltodiario.com/trabajo-sexual/empresarios-lucran-clubes-alterne-patronales

18   «La Audiencia Nacional declara la nulidad de los Estatutos del Sindicato de Trabajadoras Sexuales "OTRAS"», en *poderjudicial.es*, 21 de noviembre de 2018, disponible en https://www.poderjudicial.es/cgpj/es/Poder-Judicial/Audiencia-Nacional/Noticias-Judiciales/La-Audiencia-Nacional-declara-la-nulidad-de-los-Estatutos-del-Sindicato-de-Trabajadoras-Sexuales--OTRAS

19   CATS, *Las prostitutas hablan de violencias* (ob. cit., 2024).

Una figura legal que hace las veces de regulación del trabajo sexual son las ordenanzas municipales. Son normas elaboradas por los gobiernos locales que sirven para regular el espacio público y que en su mayoría tienen un apartado específico para «luchar contra la prostitución». En ciudades como Barcelona o Málaga, las ordenanzas han llegado a penalizar a las trabajadoras por ofrecer sus servicios con multas e incluso detenciones.

En 2018, el Grupo Antígona[20] publicaba un estudio al respecto de estas normativas que señalaba que «la persecución y la criminalización» de las trabajadoras sexuales no servían para «acabar con el ejercicio de la prostitución» y que agravaban el estigma que sufren estas mujeres. En muchas localidades españolas las ordenanzas siguen vigentes, así como la persecución a las trabajadoras sexuales.

En las ciudades donde no existen este tipo de ordenanzas, como Madrid, la LO4/2015 (ley mordaza) y su artículo 37.5 sobre «comportamientos obscenos en la vía pública» o el artículo 36.6 sobre «desobediencia a la autoridad» cubren esa ausencia. La investigadora María Barcons se basa en datos del Ministerio del Interior para decir que, en los dos años siguientes a su implementación, esta ley se usó 591 veces para multar a trabajadoras de calle, lo que supuso 100.420 euros en sanciones.[21]

---

20 María Barcons Campmajó (2018): «Las ordenanzas municipales: entre la regulación y la sanción de la prostitución en España», en *Crítica Penal y Poder*, núm. 15, semimonográfico «La prostitución y el derecho», octubre-noviembre de 2018, disponible en https://revistes.ub.edu/index.php/CriticaPenalPoder/article/view/26785

21 Begoña Aramayona (2024): «¿De verdad les importan las mujeres? Sobre el "Macroestudio de prostitución y trata" anunciado por el Ministerio de Igualdad», en *Público*, 8 de octubre.

Trabajo sexual, trata y migración
Clarificando algunas confusiones

Se ha difundido la cifra de que más del 80 % o incluso más del 90 % de las personas que ejercen la prostitución son víctimas de trata, es decir, que no han elegido voluntariamente dedicarse al trabajo sexual. Sin embargo, nunca se ha presentado un informe que apoye esa cifra, ni mucho menos se ha explicado la metodología que hay detrás de esos datos. En realidad, ese dato surge de una campaña de comunicación de la Policía Nacional. **¿Cuánto hay de verdad en esto, entonces?**

DATOS DISPARES SOBRE LAS TRABAJADORAS DEL SEXO EN EL ESTADO ESPAÑOL:

5.600
En la calle

42.500
En clubs

24.000
En clubs de carretera

41.000
En pisos

2005
Un estudio del Ministerio de Trabajo habló de unas **113.100 mujeres**, que trabajaban:

2012
El CITCO (Ministerio del Interior) estimó **45.000 personas**

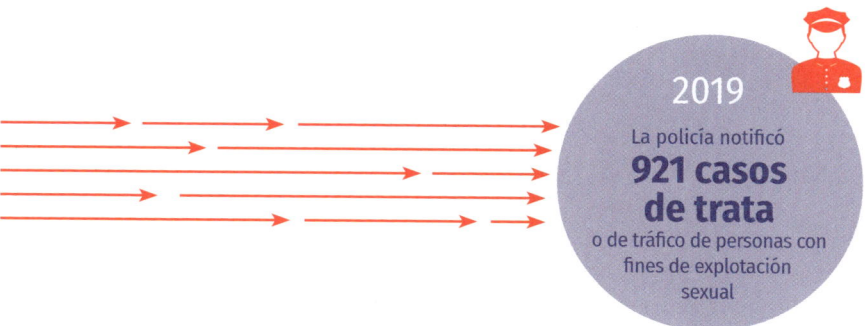

2019

La policía notificó

**921 casos
de trata**

o de tráfico de personas con
fines de explotación
sexual

2021

Un estudio de la académica
Carmen Meneses estima que
en España hay entre **80.000**
y **100.000** personas y que
aproximadamente un 10 % son
víctimas de trata o de tráfico
de personas con fines de
explotación sexual.

Cifras estimadas
de personas
en prostitución

**80.000 /
100.000**

10 %

Víctimas de trata o tráfico
de personas con fines de
explotación sexual

300.000

600.000

100.000

Desde los discursos abolicionistas se
ha cifrado en 300.000 e incluso 600.000
el número de mujeres que ejercen
la prostitución en el Estado español;
sin embargo, los estudios que se han
realizado dan cifras de alrededor de
100.000 personas.

En conclusión:
No hay cifras fiables de cuántas
trabajadoras sexuales hay en
el país ni de cuántas víctimas de
trata, pero **cifras sin rigor alguno**
son difundidas por la Policía y
amplificadas por medios de
comunicación y feministas
abolicionistas.

DE CÓMO DEJÉ EL TRABAJO SEXUAL

El último sitio donde hice una plaza fue en Salou: les alquilé la habitación a más compañeras para no estar yo sola en el piso. El piso era de otra persona y al final me quedé con esa casa de citas. En el momento en que me puse a trabajar por mi cuenta, me aburrí. Llegué a la conclusión de que no sirvo para hacer trabajo autónomo. De repente no podía pagar anuncios ni el alquiler, porque, si no tienes clientes, no tienes dinero. No era buena administradora de mí misma.

Estaba en otro territorio para cambiar de aires, pero llevaba un tiempo con la idea de dejar de ejercer cuanto antes. Sin embargo, me resultaba imposible. Estaba harta de hacer plazas, pero no conseguía ahorrar, porque volvía a consumir cocaína y me gastaba lo que ganaba. Los problemas de salud mental y los sentimientos depresivos aumentaban. En ese momento también empecé a tener problemas en la boca. A pesar de toda mi experiencia, seguía confiando en que alguien vendría a salvarme de esa situación; pero aquí no nos salva ni dios y tampoco nos volvíamos ricas puteando. El único apoyo que recibí esos días para poder dejar el trabajo sexual fue el de un cliente que me ayudó a hacer un currículum con datos falseados; eso me sorprendió, porque, como era un mundo nuevo para mí, no sabía que *se podía mentir*. Este cliente entregó mi CV en todos los hoteles de la zona para trabajos de limpiadora y camarera.

En los hoteles no hubo suerte y seguí dedicándome al trabajo sexual. Un día tuve que ir a Reus, a pocos kilómetros de Salou, a hacer un servicio. Normalmente, una trabajadora sexual no hace un servicio sin confirmarlo antes, pero ese día me arriesgué. Me encontré con el cliente, que estaba con un amigo, y estuvimos de cháchara los tres. Iba para un servicio y acabé viviendo con el cliente cuatro meses, que me pagaba día tras día. No manteníamos relaciones sexuales. Yo hacía como si fuera su pareja, pero era consciente de que en cuanto llegara otra se me acabaría la gallina de los huevos de oro. Al mes de estar con él, empecé a ver cosas raras: nóminas, pasaportes…, especialmente muchos pasaportes. El cliente se dedicaba a dar hipotecas falsas y vender pisos falsos, incluso descubrí que el piso donde vivíamos era de otra persona. Visitábamos a diario un bar de la zona, cuyo dueño sabía de qué iba todo aquello. Tras varias visitas, me metió a trabajar con él.

En ese bar de Reus trabajé dos años y levanté el establecimiento. Cuando entré estaba completamente muerto, pero al poco de empezar, gracias a mi trabajo, teníamos mucha más actividad. Dábamos desayunos por las mañanas y copas hasta las tantas de la noche. El bar tenía su peculiaridad: estaba estigmatizado por encontrarse en un barrio obrero. La clientela era gente trabajadora, especialmente migrantes andaluces y magrebíes. Pero también, por la noche, había negociaciones entre narcotraficantes y larguísimas timbas de póker, que podían durar hasta cuarenta y ocho horas seguidas. Eso solo lo aguantaba una camarera que supiera de qué iba la historia. En muchas ocasiones hubo peleas entre distintos traficantes.

Era mi primera experiencia laboral fuera del trabajo sexual, pero no es oro todo lo que reluce. El dueño se encaprichó conmigo a más no poder. Cometí el error de acostarme con él tres o cuatro veces y se creyó que yo era de su propiedad.

Todos los días cerraba el bar. Una noche, cuando salía del establecimiento sentí que alguien me ponía un pañuelo en la cara. Apenas recuerdo nada, me desmayé y noté que me metían en un coche. Paco, el dueño del bar, me había retenido contra mi voluntad. No sabía dónde estaba exactamente; era una masía cerca de Ruidecols, frente a una cantera de piedra. Allí me tuvo encerrada seis meses, hasta que conseguí quitarle el teléfono y llamar a un *mosso d'esquadra*.[22] Por desgracia, se dio cuenta de que había llamado y hasta que llegaron los Mossos me estuvo dando hostias a reventar. Casi acaba conmigo. Esta violencia no la sufrí ejerciendo, no la padecí en un club ni en una casa de citas, la ejerció contra mí la misma persona que me había ayudado a salir del trabajo sexual y me había ofrecido *un trabajo decente*. Así que, cuando las abolicionistas dicen que los clientes de las prostitutas son violentos, yo respondo: «No, violentos son algunos hombres, sean o no clientes. A mí las hostias nunca me las han *dao* por puta, sino por no ser lo puta que ellos querían. Me han dado hostias por no hacer lo que ellos querían. La violencia que he sufrido no ha tenido que ver con la prostitución: ha sido por ser mujer». Los Mossos me sacaron de allí y me contaron quién era realmente Paco. Era el jefe de la Banda del Mazo,[23] que fue muy famosa en Barcelona, y había estado más de veinte años en la cárcel por delitos de sangre y más historias para no dormir. Me acojonó tanto que no lo denuncié, a pesar de lo *echá pa'lante* que soy.

Lo único que me ofrecieron los Mossos fue llevarme a Reus, que era donde yo vivía. A partir de ahí, tenía que buscarme la vida. Me hospedó un colega que también había sido camarero del bar y Paco tardó solo media hora en volver a encontrarme. Entonces continúo la violencia. Me tiró por las escaleras, me arrastró por el suelo y seguía pegándome en plena calle, a menos de cien metros de una comisaría. Yo intentaba arrastrarme en esa dirección y él tiraba en dirección contraria. Los vecinos del barrio salieron alarmados a detenerlo, pero en cuanto lo reconocían se volvían a sus casas sin hacer nada. Tuve suerte, porque un chaval que pasaba por allí y no tenía nada que ver con el barrio llamó a la policía. Los Mossos vinieron y se llevaron a Paco, pero tampoco lo denuncié esta vez por miedo. Los policías no me ayudaron mucho más, únicamente, cuando se enteraron de que había sido puta, me dijeron que, si tenía intención de volver a Sevilla, me fuera al ayuntamiento de mi pueblo y pidiera «reinserción». No me dieron más explicaciones. A los tres días, yo ya estaba en mi pueblo.

---

22   Policía autonómica catalana.

23   Una banda de atracadores que fue desarticulada en 2002 y estaba especializada en el robo de joyerías. Se la denominó así porque actuaban «a mazazo limpio o con el espectacular sistema del alunizaje». Véase Pere Ríos (2002): «La policía y los Mossos desarticulan una banda que atracó a mazazos o con el "alunizaje" cinco joyerías en Cataluña», en *El País*, 29 de enero, disponible en https://elpais.com/diario/2002/01/29/catalunya/1012270054_850215.html

Una de las primeras cosas que hice fue pedir cita con el alcalde, Eustaquio Castaño. Le conocía de antes de marcharme del pueblo. Era un tunante tanto en su carrera política como en su vida personal,[24] tan asiduo a la noche y su puterío como yo. Mi objetivo era presionar para que me echase una mano, porque conocía varios trapos sucios suyos. Iba a pedir ayuda, más que a pedir reinserción.

Cuando llegué a la secretaría municipal, me dijeron que, para tener una cita con el alcalde, había un mes y medio de espera. Yo no entendía, si era un pueblo de solo 13.000 habitantes, cómo era que había que esperar tanto. Cuando entré en la oficina del ayuntamiento, en el lugar donde se hacen los papeleos y los empadronamientos, sentí cómo todo se paralizaba. Las personas que estaban esperando para hacer sus trámites burocráticos comenzaron a mirarse entre sí y a darse codazos en cuanto se dieron cuenta de mi presencia. Yo, sin vergüenza ninguna, rellené los papeles que me pedían. Escribí en todo el folio, atravesado y bien grande para que todo el mundo que estaba allí pudiese verlo: «Exprostituta. Reinserción». Esa misma tarde me dieron cita con el alcalde.

El plan que yo tenía en mente no iba a poder ser, porque el alcalde no era quien yo esperaba. En el tiempo que había pasado fuera, lo habían sustituido.

—Pero ¿tú qué coño haces aquí? —exclamé.

—Pues, mira, soy el alcalde.

—Pues qué pena.

—Pues a ver *pa* qué te sirvo.

Era Juan Escame, el que fuera escolta de Manuel Chaves.[25] A día de hoy, puedo decir que fue el único en todo mi pueblo que me echó una mano cuando lo necesité. Escame me comentó que conocía a alguien que estaba montando un proyecto que podía servirme: sor Alicia. Me cambió la cara cuando escuché el nombre y él se rio. Le dije:

—A ver, Juan, no vayas a llamar a ninguna monja.

Al día siguiente, pisé por primera vez la Federación de Mujeres Progresistas. Mi primer encuentro fue con Faustino, un trabajador social. Lo primero que hice nada más encontrarle fue soltarle toda mi retahíla. El muchacho no sabía dónde meterse. Hizo lo que hace toda la industria del rescate: tomar mis datos y apuntarme en una bolsa de demandantes de empleo. Sin embargo, el alcalde no me había mandado allí para eso.

—Vengo a hablar con Alicia Vañó, que quiere montar una organización de putas o algo así.

---

24 Castaño repartía favores entre los de abajo —el pobre obrero al que «daba» un puesto de trabajo— y los de arriba —subvenciones, concursos para ejecutar infraestructuras o permisos de obra para casitas de campo en zona rural y demás compadreos—. Fue inhabilitado por uno de estos favores: «La Audiencia ratifica la condena al alcalde a 4 años de inhabilitación», en *diariodesevilla.es*, 8 de octubre de 2019, disponible en https://www.diariodesevilla.es/juzgado_de_guardia/sentencias/Audiencia-ratifica-condena-alcalde-inhabilitacion_0_1398460604.html

25 Chaves fue presidente de la Junta de Andalucía por el PSOE entre 1990 y 2010.

Era 2004. En aquella época, en la cuestión de la prostitución no se hablaba como hoy en términos de abolicionismo versus regularización. Si en aquel momento yo hubiera tenido que posicionarme dentro de una de estas dos posturas, habría dicho que era abolicionista. El caso es que comencé a trabajar en la federación y allí fue donde me enseñaron qué es el patriarcado. Me pasaba todo el día leyendo y acumulando todas las fotocopias que me mandaban. Tenía la cabeza a punto de petar.

Un día, a mediados de diciembre, cuando volví a mi pueblo después de trabajar en Sevilla, me encontré a Paco, el dueño del bar de Reus, frente a mi portal. No tuve más opción que meterlo en mi casa, porque quería evitar que me montara un escándalo en mi pueblo. Fue peor el remedio que la enfermedad. Estuvo varias semanas, porque no sabía cómo escapar de aquella situación. En Nochevieja intentó ahogarme en la bañera. El 2 de enero, regresé del trabajo convencida de que tenía que echarlo como fuera. Lo logré, pero él se quedó deambulando por allí. Llamé a la policía y me decían que no veían a nadie rondando por la zona. Desde mi patio, logré verlo escondido entre unos macetones. Aún me esperaba lo peor. Me pegó un navajazo en plena calle, al salir del portal. Si no llega a ser porque llevaba una carpeta llena de documentos, me mata en el acto. Continuó pegándome. Cuando los vecinos empezaron a salir, ya había recibido ocho o nueve golpes bien *daos*. Uno de los puñetazos me reventó la nariz. Recuerdo que llevaba un anillo de oro que tenía una cabeza de pantera. Al llegar la policía, alertada por los vecinos, él aseguró que me había golpeado yo sola. La suerte me salvó en aquella ocasión: entre los agentes, había una que se estaba preparando para especializarse en agresiones de género. Ella le dijo: «No es verdad. Si se hubiera golpeado ella, como dices, el derrame no saldría por ese lado». Esta agresión le costó 500 euros de multa y un alejamiento 500 metros.

A pesar de que la violencia había terminado, me enfrenté a una situación que no me esperaba, aunque hasta años después no me di cuenta de su gravedad. Volví a trabajar a la Federación de Mujeres Progresistas y mi jefa había dicho al resto del equipo que no había que tratarme de forma diferente, que no había pasado nada. Me sentí sola aquel día en la federación, porque me trataron con más frialdad que a un perro callejero. Fue espantoso. No recibí su apoyo, pero sí sentía sus miradas. Si otra mujer hubiera recibido esos mismos golpes, la habrían acuerpado. En cambio, a mí no me consideraron víctima de violencia de género. Aprendí entonces que, si has sido trabajadora sexual, las hostias que te pegan no tienen el mismo valor a ojos de la sociedad que las que se llevan otras mujeres. El trato que recibes tú no es el que recibe la otra. No fui consciente de todo esto hasta años después, cuando ya sabía de feminismo y conocía la palabra «estigma».

III. QUIERO SER DIGNA, PERO NO ME DEJAN
LA INDUSTRIA DEL RESCATE Y EL PAN DE COÑO

Después de la violencia que Paco ejerció sobre mí, salí de mi pueblo y me instalé en Sevilla. Me volqué en el trabajo de la Federación de Mujeres Progresistas. Aunque es verdad que sentí algo extraño, no fui totalmente consciente del desaire que me habían hecho mis compañeras de la federación ante la agresión que había sufrido. Pensaba que aquellas mujeres eran buenas y que por fin las prostitutas[26] habíamos encontrado un lugar donde nos escuchaban y no nos miraban con cara de asco. En mi trabajo en la Federación de Mujeres Progresistas de Andalucía (FMP-A), comencé a conocer la industria del rescate desde dentro, aunque hasta muchos años después no fui plenamente consciente de lo que realmente significaba.[27] Es cierto que no nos miraban con asco, se limitaban a utilizarnos.

Entré en la federación porque tenían el objetivo de crear entidades en el ámbito de la prostitución. En tan solo dos años, formamos cuatro asociaciones de mujeres que ejercían la prostitución. La presidenta de la federación era la tesorera de todas ellas. A través de esas organizaciones, pedían financiación en nuestro nombre; pero al final el dinero lo gestionaba la propia federación. Lo que hacían era montar asociaciones ficticias. Desde fuera, la federación era lo que hoy podríamos llamar un colectivo inclusivo: había prostitutas, trans y compañeros que estaban dejando las drogas. Y lo más importante: nos proporcionaban trabajo y nos daban de alta.

La Asociación de Mujeres que Ejercen la Prostitución (AMEP), que montamos en 2003, fue la primera asociación de este tipo en España.[28] En la presentación pública estuvieron Alicia Vañó, que era la tesorera, y José Chamizo y Sebastián de la Obra, por el Defensor del Pueblo Andaluz. Esta asociación nace al amparo de la Federación de Muje-

---

26 Por aquel entonces no nos identificábamos como *putas* ni como *trabajadores sexuales*, sino como *prostitutas*.

27 «Industria del rescate» es una categoría de Laura Agustín ampliamente utilizada por el movimiento de las trabajadoras sexuales. Véase nota 6, pp. 65-67, en este mismo capítulo.

28 Véase Tereixa Constenla (2003): «Una decena de prostitutas crean una asociación para defender sus derechos con voz propia», en *El País*, 29 de noviembre, disponible en https://elpais.com/diario/2003/11/29/andalucia/1070061749_850215.html

res Progresistas, a pesar de que la federación fuese abolicionista. A mí no me importaba si eran abolicionistas o no, lo que me importaba era que tuvieran empatía, que pusieran el cuerpo. En Sevilla las cosas funcionaban de forma distinta que en la Federación de Madrid, porque las de Sevilla tenían más empatía y, de hecho, por eso se pelearon. A mis compañeras Doris y Adeila y a mí misma nos contrataron como mediadoras en materia de prostitución, porque las tres habíamos sido prostitutas. Esto, contratar a prostitutas como mediadoras, no estaba contemplado, pero Alicia Vañó había peleado un convenio que lo permitiese.

En la federación no teníamos mucha conciencia política. Dábamos atención asistencialista a las prostitutas y a otros colectivos. Había una bolsa de trabajo y, en principio, no se establecían diferencias entre unas y otras. Sin embargo, las trabajadoras de la federación tenían sus preferencias y las prostitutas no eran de su agrado. Eso no era culpa de la federación, sino que tiene que ver más con la empatía de cada persona y no con lo que está escrito en las normas. Si el Convenio de Salud recoge que las prostitutas pueden tener tarjeta sanitaria y después nos toca en la ventanilla alguien que no siente empatía, no nos va a facilitar el trámite de acceso a ese derecho.

Por experiencias de este tipo es por lo que ahora soy consciente de lo importante que es participar en universidades y espacios relacionados con el trabajo social. Creo que, si alguien que estudia trabajo social es de esas personas que se cruzan de acera cuando ven a alguien sin hogar o de quienes juzgan desde el paternalismo y piensan: «Pobrecito» o «Se lo ha *buscao*», entonces es mejor que lo deje y se ponga a estudiar otra cosa. De lo contrario, solo va a conseguir arruinarnos más la vida. Lo mismo ocurre si estudia psicología o integración. Lo que necesitamos es que nos ofrezcan una atención que nos permita cubrir los recursos básicos y atender las necesidades burocráticas que tengamos.

Desde la federación, en muchos casos tuvimos que mendigar a la Junta de Andalucía que nos diera condones para repartir. No nos los daban de primeras ni de buena gana, sino que teníamos que presionar hasta para eso. En una ocasión que fuimos al sótano a recoger preservativos, vimos que tenían potitos y cereales a punto de caducar. Pregunté en la consejería si nos los podíamos llevar. Aunque la FMP no daba comida, no se puede permitir que en los sótanos de las consejerías y los espacios públicos haya comida a punto de caducar y no se reparta. ¿Cómo es posible que una institución *posturee* regalando un juguete el día de Reyes y al mismo tiempo no facilite el acceso a alimentos básicos que tanto necesitan esas familias? Así que las prostitutas comenzamos a repartir los potitos que la administración no distribuía y de ese modo nos dimos cuenta de que muchas mujeres, a pesar de que había entidades supuestamente encargadas de atenderlas, se acercaban a nosotras. Venían a recoger esos alimentos especialmente mujeres que no tenían tarjeta sanitaria ni recursos básicos y que por su situación administrativa irregular no lograban acceder a otras asociaciones.

En 2004 conseguimos que el Convenio de Salud con la Junta de Andalucía diera tarjeta sanitaria a las prostitutas. Sin embargo, en la práctica solamente era posible conseguirla a través de organizaciones afines y eso solo cuando había gente con empatía que realmente quisiera hacerlo. Además, tras años con el convenio, nos hemos dado cuenta de que solo llegan a las prostitutas callejeras, pero no a las de los clubs (algo que pudimos confirmar durante la pandemia de 2020). Hay compañeras que han estado paseando por todas las asociaciones de Andalucía, algunas hasta trece años, sin conseguir la tarjeta sanitaria ni encontrar ninguna predisposición por parte de estas asociaciones a hacérsela. En 2013, ya como voluntaria de la Asociación Pro Derechos Humanos de Andalucía (APDHA), intentamos modificar el convenio, porque las tarjetas sanitarias no llegaban por la dificultad para conseguir el empadronamiento. Me pregunto qué es lo que han estado haciendo durante todos estos años las entidades que firmaron ese convenio y recibieron (y siguen recibiendo) dinero por ello.

En 2005 el gobierno de José Luis Rodríguez Zapatero anunció una regularización extraordinaria.[29] Para regularizarse se necesitaba llevar un año empadronada, así que empezamos a empadronar prostitutas como locas. Yo llegué a empadronar hasta quince personas y mis vecinas también. A la hora de formalizar la regularización, llegó la sorpresa: las prostitutas no se podían regularizar. La regularización exigía un contrato de trabajo y las prostitutas no se podían agarrar a nada para regularizar su situación sin recurrir a algún apaño. Así que eso fue lo que hicimos.

En aquella época en la asociación había 300 prostitutas y aliadas, sobre todo prostitutas de clubs. Entonces, como ahora, estábamos siempre intentando parar lo que nos perjudicaba a nivel estatal, así que resistir nos quitaba, y nos quita, tanto tiempo como energía para poder avanzar. La federación sí avanzaba, porque eran nuestras tesoreras; en aquella época tenían muchas delegaciones y capacidad para contratar a muchas prostitutas como mediadoras. Gracias a ellas, pudimos avanzar. No teníamos conciencia de clase ni conciencia feminista, pero sí empatía y sabíamos bien lo que queríamos para nuestras compañeras. Nos buscamos los recovecos para que las prostitutas entraran en las infinitas colas de mujeres para la regularización de Zapatero. Hicimos todo tipo de apaños, como apuntar a las compañeras como trabajadoras de servicio doméstico o de cuidados. En ese tiempo yo no estaba politizada, pero había que buscar las aristas que tiene el sistema en nuestro beneficio. Para acceder a la regularización como trabajadora doméstica, necesitabas al menos dos empleadores que sumasen veinte horas semanales. Queríamos papeles para que nuestras compañeras pudieran cruzar el charco y sentir los abrazos de su gente, porque algunas llevaban más de diez años sin ver a sus hijxs. Conseguimos los empleos necesarios a través de 150 clientes, esos puteros de los que hablan las abolicionistas. Esos puteros, que probablemente sean los machos de muchas de ellas pero que demostraron mucha más empatía, hicieron por nosotras más que todo el movimiento

---

29   Véase «Comenzó el proceso de regularización de inmigrantes», en *Cadena Ser,* 7 de febrero de 2005, disponible en https://cadenaser.com/ser/2005/02/06/sociedad/1107659607_850215.html

abolicionista de esta ciudad. Con el esfuerzo de todas, conseguimos agrupar a más de 30 niñxs. Lo hicimos sin mucha conciencia política, sin saber ni por dónde tirábamos, pero con la rabia, la mala leche y las ganas de darles a nuestras compañeras lo que más falta les hacía. No había mucho orgullo puta, pero sí había hermandad y comadreo.

La federación era afín al PSOE y, por lo tanto, sus propuestas también. En esa época, el PSOE no era abolicionista. Eran los tiempos de la ley de Leire Pajín y se hablaba de escuchar a las prostitutas, aunque su objetivo seguía siendo sacarlas de las calles. Eso ha formado parte del ideario del PSOE en todas las épocas, porque, por encima de todo, están el turismo y la clase. O sea, tienen muy claro que la gente que venga de fuera lo tiene que ver todo bonito y que las prostitutas no pueden estar a la puerta de las casas de la clase media y alta. A medida que comprendía la relación que había entre el PSOE y la federación, empecé a darme cuenta de la utilización política y monetaria que se hacía de las compañeras. A veces, gente del PSOE venía a la federación para que nos apuntáramos al partido. En una ocasión presencié una reunión de la presidenta de la Federación de Mujeres Progresistas con una mujer que era un peso pesado del PSOE a nivel nacional. A ese encuentro asistieron varias prostitutas. En ese momento mi cabeza explotó y entendí que los conocimientos que teníamos nosotras los habían usado tanto la FMP como el PSOE para redactar las ordenanzas municipales que presentaron los socialistas en la ciudad de Sevilla. Una regulación que nos perseguía y nos ponía en peligro. Una ley para reprimirnos que habían sacado tergiversando lo que nosotras les habíamos contado.

Se nos ha utilizado políticamente. En aquella época, una de las que querían trepar era una amiga de la rectora. Cuando nace el Colectivo de Prostitutas de Sevilla y nos metemos en la primera charla con Rocío Medina, esta señora tiene los santos ovarios de decir: «Y encima de to se denominan feministas». Entonces yo, con mi mala hostia, le contesté: «Nos denominamos putas feministas. Cuando estábamos en la federación no te importaba, mientras te votáramos a ti». Creo que no ha vuelto a comentar nada sobre las putas…

ÉRAMOS QUERIDAS CUANDO NO ESTÁBAMOS POLITIZADAS

Durante los años del Convenio de Salud y de la agrupación de familias, me fui enterando de que las cosas no eran como yo creía. A la FMP no le interesaba que trabajáramos con prostitutas callejeras ni tampoco con yonquis; no quería esos perfiles. La visión que la presidenta de la federación tenía de la prostitución de calle era lo que veía al pasar por Las Tres Mil Viviendas camino de su casa. Una parte del trabajo de la FMP consistía en entrar en los clubs para atender a las trabajadoras. Ahí fue como empecé a ver cosas que no me gustaban, empezando por cómo nos llamaban. No nos decían prostitutas y mucho menos trabajadoras sexuales, sino «prostituidas por la sociedad». En cuanto a las atenciones, no buscaban solventar los problemas de las compañeras, sino utilizar nuestros datos para conseguir más subvenciones.

En una ocasión fuimos a la Consejería de Salud a pedir una subvención y nos la rechazaron. Cuando volvimos a la oficina, la presidenta de la federación me preguntó: «A ver, Mari, dime con cuántas mujeres has hablado, cuántos niños tiene cada mujer y cuántas familias mantiene, cuántas llamadas haces a la semana…». Me fijé y vi que ella registraba cada llamada como una atención indirecta. O sea, que cada vez que yo hablaba con una compañera colombiana sobre sus hijos figuraba como si los estuviera atendiendo, a ella y a sus hijos. Todo lo que se hacía servía para poner números. Hasta el reparto de preservativos lo contaban como atención. Otro ejemplo: aunque una trabajadora sexual apareciera en un expediente por ser prostituta, también la metían como migrante para otra financiación si les hacía falta. Así, una misma persona les servía para avalar un montón de proyectos. Si no es *pa* una cosa, es *pa* otra. Así es como aprendí, trabajando día a día, que para ellas somos números y que da igual los datos que yo le dé a mi jefa, porque van a usarlos para lo que a ellas les venga bien. A las personas voluntarias se les decía desde la FMP: «Aprovecha cuando te cogen los condones para preguntarles sus datos». Esos nombres, esos números de DNI o pasaporte les servían para pedir financiación no solo ese año, sino también los siguientes. Empecé a entender que el nombre de una prostituta sirve para recibir subvenciones por todos lados. Y que los proyectos se orientan al dinero que viene de la Unión Europea para financiar la industria del rescate; antes era sobre todo para población vulnerable, sida, migración y trata; ahora es más por violencia de género. Según se financia desde arriba, se modifican los perfiles que se buscan en los proyectos. En resumen, una sola prostituta vale para financiar muchos de estos programas. Así se entiende que en algunos informes del movimiento abolicionista digan que han atendido a 4.000 prostitutas en esta ciudad, aunque no haya tantas trabajadoras sexuales en Sevilla.

De este modo me di cuenta de que este tipo de organizaciones utilizan las informaciones que les damos para lucrarse con nuestras experiencias y nuestras voces. Con la federación pasa lo mismo que con la patronal: al final quieren que las trabajadoras sexuales ejerzan según las ideas que ellos tienen. En la federación me enteré de qué es lo que ocurre con las prostitutas que se lleva la policía en las redadas que se hacen los clubs: que muchas no son tan víctimas de trata como parecían, que lo que necesitan es derechos[30] y que esas que se llevan subvenciones de cientos de miles de euros en su nombre no las van a salvar. En esos días empecé a entender que no están protestando contra lo que sucede con las prostitutas: lo que ocurre es que no quieren la prostitución de calle, así que las estigmatizan y las castigan más.

---

30 Véase el comunicado de la Red de Voces Feministas por los Derechos (2024): «Reflexiones y demandas tras el avance de resultados del "Macroestudio sobre trata, explotación sexual y prostitución de mujeres"», en *Pikara*, 30 de octubre.

Mientras estuve en la FMP, me encontré con diversas irregularidades que aún no me explico. Como ya he contado antes, a los cuatro meses de entrar en la federación ya teníamos constituida la primera asociación para el tema de la prostitución y en la presentación estuvieron Chamizo y De la Obra, del Defensor del Pueblo Andaluz. Ellos habían elaborado un informe sobre la prostitución en Andalucía en el que se hablaba del dinero que movían los clubs y la publicidad en medios. Años más tarde, en 2019, ya como Colectivo de Prostitutas de Sevilla, se lo solicitamos al Defensor del Pueblo de Andalucía y allí no sabían nada de ese estudio; había desaparecido.

En la bolsa laboral de la FMP todo el mundo encontraba trabajo, menos las prostitutas. «Es que no se saben comportar», argumentaban. Pero no era así. Tal vez no sabían vestirse adecuadamente para ir a ciertos sitios, porque hasta ese momento se han *tenío* que vestir de otra manera para trabajar, pero ya está. Al cabo de un tiempo, me enteré en la federación de que a una compañera no le daban trabajo porque tenía mucho pecho y en las entrevistas usaba mucho escote. A nadie se le había ocurrido sentarse con ella y explicarle con empatía cómo debía acudir a una entrevista de trabajo, darle las herramientas para que ella pudiera elegir.

A las abolicionistas no les voy a pedir que luchen por nuestros derechos laborales, pero sí por alternativas de empleo para las víctimas de trata y contra el trabajo precario feminizado, que es lo que hace que nos veamos abocadas no solo al trabajo sexual, sino a tantos otros donde las mujeres estamos *arrodillás*. Y también para que las prostitutas no ejerzan en condiciones tan pésimas hasta que llegue la utopía en la que cada una cree. Esto vale para todas, porque las proderechos también estamos defendiendo una utopía que no se basa en la realidad política que tenemos hoy. Hay que hablar más de herramientas y de posibilidades, y no tanto de utopías y teorías. Hay que pensar en qué es lo que tenemos ahora; con el más allá no hacemos nada. Hay un juego macabro en el que todo pasa por políticas públicas que nos tienen arrodilladas a todas. Hay compañeras que están *arrodillás* durante mucho tiempo por una miseria.

Empecé a entender que todo era mentira. La atención dependía de con quién se encontraran; la tenían si llegaban a mí, porque yo tenía redes a través de la federación. Lo de marcar el paso, yo lo he hecho siempre con mi forma de ser. Me pongo a recapitular y veo que he sido sindicalista sin saberlo en los clubs, he formado redes de apoyo entre prostitutas migrantes y españolas, hacíamos vaquitas para hacer frente a las urgencias..., pero yo no tenía nombre para eso, era comadreo. Es lo que hacemos en mi pueblo cuando pasa algo: desde apoyarnos económicamente a poner los coches de todos en busca de un niño que se ha perdido. Apoyo mutuo de la forma que hemos *podío* y *querío*. Eso es lo que aprendí y hacía igual con el puterío, y ahora con el activismo, desde otros sentires, pero con la misma esencia. Por eso digo que soy *anarcofeminista del campo* y que todo esto se hacía ya en las hermandades de los pueblos, porque en los pueblos había mucho anarquismo. Lo que pasa es que el comunismo se lo comió, porque querían cambiar las políticas públicas y porque se podía trepar dentro de la política, y eso no se podía hacer dentro del anarquismo.

Hoy en día, la Federación de Mujeres Progresistas de Andalucía no existe. Fue denunciada por sus propios trabajadores después de que se compraran un edificio de cerca de un millón de euros.[31] Había una red montada con la Consejería de Empleo por la cual nos pagaban con dinero de la Junta, pero eligiéndonos a dedo. Nuestras nóminas eran de más de 1.600 euros. Esto forma parte del caso de los ERE y la presidenta de la FMP de Andalucía fue una de las primeras en caer; el PSOE no la quiso sostener.

Yo no conocía el término «aliada», pero he tenido grandes aliados, incluso en esa época. Especialmente Rafael Vañó, que fue mi pareja durante quince años. Él me mostró que el que comadreen contigo no significa que formes parte de su equipo. Gracias a sus saberes, aprendí lo que eran las subvenciones y los proyectos. Rafa fue quien me dijo: «No te creas todo lo que te digan. Quédate en la oficina a la hora de comer y echa un vistazo a lo que veas en las mesas». Eso hice: comencé a sacar fotos para enterarme de qué iba el mamoneo.

No todo era malo. En aquella época comencé a ir a otros espacios y conocer otros entornos. Mi presencia en la federación me ayudó a tener una juntiña distinta. Junto a la psicóloga Raquel Romero y una periodista que estaba en la federación, comenzamos a encontrarnos con las mujeres del Pumarejo, las Mujeres de Negro y otras mujeres del feminismo del que hoy me reivindico. Era una época de mucho movimiento en la zona del Pumarejo, gracias al trabajo en la Casa Grande y a espacios como el CSOA Casas Viejas. Sin embargo, a la presidenta de la federación no le gustaba que frecuentáramos esos espacios, así que cada vez que se enteraba de que habíamos quedado nos llamaba para que fuéramos con ella. Para todas las prostitutas que estábamos allí era un poco como nuestra madre. Nos sentíamos de algún modo en deuda con ella, porque estaba haciendo por nosotras lo que nadie había hecho: contratarnos. A las prostitutas y las trans nos abrieron las puertas cuando muchas otras organizaciones ni siquiera se atrevían a trabajar con nosotras y nos dieron alternativas laborales. Eso hay que reconocérselo lo hayan hecho mejor o peor, con más o menos buena fe y al margen de que la gente de alrededor se haya aprovechado de todo ello.

Con tanta historia vivía, el puritismo[32] no nos lleva a ningún lao. Nosotras no estábamos politizadas; yo no castigo a las de la FMP por ser industria del rescate, yo las castigo

---

31   Véase Miguel Cabrera (2012): «Embargada la Federación de Mujeres Progresistas por impagos a trabajadora», en *El Mundo*, 29 de noviembre, disponible en https://www.elmundo.es/elmundo/2012/11/28/andalucia/1354130391.html

32   Volveremos sobre este concepto en el epílogo.

porque, a pesar de las herramientas que tenían, dejaron que las usaran en beneficio de estrategias políticas. Podríamos haber abarcado muchos más ámbitos y haber hecho más cosas de las que se hicieron.

Una de las cosas que fui viendo, tanto en la federación como en otros espacios políticos que comenzaba a frecuentar, fue la cuestión del lenguaje. En la federación había tres compañeras que, siempre lo he dicho, fue una suerte tener al lado. Raquel Iglesias era una trabajadora social que cada vez que empezaba a hablar decía: «Si me subo de lenguaje, me bajáis pero ya». Y ella adaptaba el lenguaje cada vez que no la entendíamos. Si hemos *aprendío,* es porque hemos *tenío* personas que se han adaptado a nosotras y no nos han exigido que aprendiéramos por nuestra cuenta, sino que nos han dado información para que nos podamos defender nosotras mismas. Así es como se empodera a las mujeres, que aquí no estamos hablando de empoderar a las prostitutas, sino a todas las mujeres.

Mucha gente nos ve con cara de patata, que no nos hemos *enterao,* y es incapaz de cambiar su lenguaje. Te dicen: «Te lo he repetido tres veces». Ya, pero esas tres veces me lo has dicho igual y no te has *subío* ni una *mijita* a nuestros tacones, nuestros saberes y nuestras *entendeeras*. Esto atraviesa a mujeres de todo tipo, prostitutas o no. Por ejemplo, las jornaleras. Subámonos a sus tacones, entendamos cuál es su situación, escuchemos lo que tienen para decir. Porque creemos que los saberes de arriba son los que valen y no es así. Si no se atraviesa, no avanzamos: la gente de abajo se queda *estancá* en el mismo sitio y los de arriba siguen *anclaos* en lo suyo.

Esto se me hacía evidente cada vez que nos juntábamos con los rojos o nos invitaban a otra asamblea. Fuimos hasta que me di cuenta de que las trabajadoras sexuales no se encontraban cómodas en ese tipo de espacios por el lenguaje que se usaba. Sin embargo, muchas personas sí fueron conscientes de eso. Agradezco mucho a Raquel, Noelia y David la paciencia que tuvieron para cambiar su lenguaje, para que nosotras entendiéramos lo que nos estaba atravesando en ese momento.

CATORCE PIEDRAS MENOS Y MI FIN EN LA FEDERACIÓN DE MUJERES PROGRESISTAS

Tenía muchos frentes abiertos, había abierto los ojos sobre el trabajo de la FMP y mi presencia empezaba a incomodar. Estaba atravesando mis saberes con los de otras compañeras y me hacía preguntas. Desde la federación comenzaron a atacarme por no ser todo lo abolicionista que debía. Me llamaban panfletaria, a mí, que ni siquiera sabía lo que era un panfleto. Empecé a sufrir violencia por parte de las que no pensaban como yo, un acoso que me afectó mucho. Llegó un momento en que tomaba varias pastillas y, si me duchaba, era porque Rafa me metía debajo de la alcachofa; a veces hasta *vestía* y *to*. Era mucha violencia la que estaba recibiendo y empezaron a sumarse otras cosas.

A una mujer le pegaron, un caso que me recordó al que yo había vivido cuando entré en la federación. Fue evidente que la trataron con un comadreo totalmente distinto a como se habían comportado conmigo.

Me estaban haciendo la vida tan imposible que me tuve que buscar una psicóloga. En mi primer encuentro con la psicóloga, me recomendó que la mejor terapia era ir a la Hermandad de la Sagrada Mortaja. Salí de la calle Fleming llorando, con el corazón *encogío* por cómo me habían tratado. Veía que me estaban violentando solo por empezar a hacer preguntas y mostrar mi desacuerdo con ciertas cosas. La psicóloga me dijo que yo no estaba viviendo ningún acoso en mi trabajo, sino que sentía remordimientos de conciencia por haber sido prostituta y me tenía que poner en paz con Dios.

Es el estigma de la mala mujer: lo que has hecho te sigue atravesando, sigue repercutiendo en tu dignidad y en la actitud de quienes te encuentras. Y eso te arruina la vida. El estigma es un foco continuo de violencia, la sufres una y otra vez. Desde que me di cuenta de que esa psicóloga me estaba estigmatizando, he recibido violencia una y otra vez. En una ocasión, en 2009, cuando estaba embarazada, fui al dentista para una revisión, porque con el embarazo se me estaban agudizando los problemas que tenía en la boca por culpa de la droga. Me metió en la boca el aparato ese con el que te sacan la saliva y para mí eso era como cuando haces una felación hasta el final, algo que yo nunca he podido hacer —no por las buenas, no con mi consentimiento—, porque me dan arcadas. En ese momento, con ese aparatito, me dieron arcadas e incluso vomité. El tipo me dijo de todo y me gritó: «¡Guarras como tú no tenían que estar aquí!». A partir de entonces, no volví a ir a un dentista hasta muchos años después, cuando, en 2022, por fin me fui a arreglar la boca. Antes, tuve que pasar por una psicóloga para poder ir.

Para mí esto habla mucho de lo que es el estigma, pero en este caso no tiene que ver con el estigma puta, sino con el estigma yonqui. Porque lo puta se te puede quitar, pero lo yonqui no. Eso se queda en el cuerpo. Si fuiste puta, llega un momento en que dejas de vestir como entonces; pero al yonqui se le van cayendo los dientes y, aunque haya dejado de consumir, seguirá siendo un yonqui de por vida. Yo era *golpeá* por los dos estigmas.

Cuando salí de aquella psicóloga que me estaba estigmatizando, llamé a mi prima Ana y ella me consiguió el contacto con un psiquiatra, que fue quien finalmente me ayudó a revertir la situación. Eso fue el comienzo de mi fin en la federación. Me tiré dos años más, pero de baja, como me había recomendado el psiquiatra. Tenía depresión, porque me estaban machacando por el puto estigma y ya no quería confiar en nadie más. Ya había confiado en ellas, que parecían de las buenas. En esa época, cuando aún seguía en la federación, conocí la Asociación Pro Derechos Humanos de Andalucía (APDHA) y me di cuenta de que su trabajo me atravesaba. Fui a unas jornadas de Hetaira[33] en las que yo hablé como presidenta de la Asociación

---

33 Colectivo en defensa de los derechos laborales de las prostitutas, con sede en Madrid, que estuvo activo entre 1995 y 2019. Según el propio colectivo, su creación surgió con el fin de «combatir el estigma social» que recae

de Mujeres que Ejercen la Prostitución sin pedir permiso a nadie. En la federación aquello sentó fatal y yo me dije que, si aquello les sentaba tan mal, era porque iba en buena dirección y debía juntarme más con gente así. «Si queréis hacer algo con las prostitutas, escuchadnos». Eso fue lo que dije en aquellas jornadas. Algo que a día de hoy aún sigo diciendo.

Una vez de vuelta en Sevilla, mi psiquiatra me recomendó que me alejara de la federación y me dio la baja permanente. Así estuve durante meses, pero tenía remordimientos, porque sentía que les estaba fallando a las prostitutas. Entonces volvía a la FMP, me llevaba otra hostia, me echaba para atrás de nuevo y así varias veces. Todo era con amenazas: llegué a decirles que llenaría la puerta de prostitutas para que me dieran condones para repartir. (Años más tarde, tuve que amenazar con ponerme en pelotas para que nos dieran recursos con los que afrontar la pandemia). A esas alturas, yo ya no podía más con todo aquello, con la falta de empatía de mucha gente.

En 2009 me di cuenta de que ni siquiera era suficiente estar de baja; tenía que salirme de la Federación de Mujeres Progresistas. Para colmo, cada vez me enteraba más de cómo funcionaba aquello por dentro y no podía cargar contra la presidenta, porque era la tía de mi pareja. También porque ella, aunque estaba dentro del abolicionismo y de la industria del rescate, había sido la persona que más empatía había mostrado conmigo. La verdad es que estaba muy dolida, porque veía que muchas cosas que nosotras le habíamos contado sobre nuestra realidad como prostitutas ella las había utilizado a favor de los intereses del PSOE. Llegó un momento en que no quise seguir en la federación ni siquiera de baja. Ya me daba igual hasta que me quitaran el piso por no poder pagarlo, porque así son mis principios. Para mí, el sueldo que estaba cobrando era aprovecharme de otras compañeras.

Gracias a mis apoyos y a mi psiquiatra, conseguí salir de la FMP. Recuerdo bien que cuando llegué a su consulta me cambió la vida. Es lo que puede pasar cuando encuentras a alguien que tiene empatía. En esa primera sesión, me dijo: «Cuéntame, hija, qué es lo que te pasa». Mientras yo le contaba, él escribía en un cuaderno, rompía las hojas y hacía bolas de papel. Yo le miraba y me decía a mí misma: «Este tiene una *pedrá* más grande que la mía». Cuando terminé de hablar, él fue cogiendo las bolas de papel. Miraba lo que había escrito y me dijo: «La educación de tu hijo. ¿Es solo responsabilidad tuya o también lo es de su padre?». Cuando le contesté, dijo: «Bueno, pues entonces esto es *compartío,* así que te voy a quitar media bola». Y la otra mitad la metía en una papelera vacía. «La situación con tus hermanos. ¿Ellos tienen ganas de hablarte o es una lucha *perdía*? Porque esto tiene que ser cosa de dos, ¿no?». Y después concluía: «Ea, pues entonces bola fuera». Y así con todos los temas.

Cuando salí de la consulta, cargaba catorce piedras menos a mis espaldas. Unas, porque no se iban a solucionar y por lo tanto no debía cargar con ellas. Otras, porque no

---

sobre las trabajadoras sexuales. Se puede leer su carta de despedida en «El "hasta siempre" de las Hetairas», en *galde.eu*, 20 de junio de 2019, disponible en https://www.galde.eu/es/el-hasta-siempre-de-las-hetairas/

eran mías y no dependían de mí. Había un tercer grupo de bolas que había puesto en otro montón. Me dijo: «Estas las vas cogiendo según vayas teniendo las herramientas para poder solucionarlas». A partir de entonces, mi vida se ha basado en lo que me dijo este hombre, que ya falleció. Si tengo las herramientas y puedo llegar hasta ahí, bien; si no, me guardo esa bolita para cuando llegue el momento en que pueda afrontarlo.

El psiquiatra me preguntó si fumaba porros y cuántas pastillas tomaba. Yo por entonces no fumaba, empecé cerca de los treinta años. Él me recomendó que, antes que mezclar las pastillas con alcohol o cocaína, era mejor que me fumara un porrito para que me ayudara a calmarme. «Pero hay que saber fumar, no fumarte un canuto que no te puedas levantar del sofá. Y cuando sepas manejar tu vida, ya podrás dejar de consumir», me dijo. Efectivamente, estoy en ese paso ahora. Ya tengo herramientas, información, ya sé que mis saberes sirven, ya me irrito menos cuando voy a unas jornadas. Ya sé dar una charla con la cabeza, con el corazón y con el coño, con las tres cosas a la vez, porque, si no, te vuelves a casa con *toa* la rabia y te calientas pensando: «¿Por qué he permitido que me digan esto?». Lo importante es entender que tú no eres tú, sino que eres megáfono de muchas otras. Y hacerlo con estrategia. No vas a un sitio *pa* perder el tiempo, sino para que sirva para algo. Así que fue entonces cuando empecé a consumir porros y a los tres meses ya no me tomaba ni una pastilla ni volví a consumir más que algún Clonazepam suavecito para dormir. Hasta que comenzó la violencia contra nosotras en las universidades. Pero de eso hablaré más tarde.

LA PEREGRINACIÓN DEL POBRE

En la Federación de Mujeres Progresistas de Andalucía conocí la peregrinación del pobre.[34] Las puertas de la FMP estaban llenas de gente todos los días. Sin embargo, a las trabajadoras de la federación, especialmente a las abogadas, no les importaba que la cola de pobres creciera, porque así se veía en La Macarena a toda la gente que atendían. Esta situación, que es habitual en este tipo de entidades, supone un desprecio absoluto a esa persona que hace cola, porque, si no la atienden ese día, tiene que pedir otro día en el trabajo para venir y teme, con razón, que la despidan, de modo que se ve obligada a agachar más el culo en el trabajo para poder pedir ese día más. No nos damos cuenta de cómo golpeamos al de abajo.

---

34 Son innumerables las historias que podríamos recopilar sobre la peregrinación del pobre, que debe ir de recurso en recurso asistencialista demostrando que es «suficientemente pobre» como para merecer tal «ayuda» (nunca derecho), rellenando y entregando de forma permanente la misma documentación para confirmar que sigue siendo «muy pobre». Estas yincanas institucionales y burocráticas por supuesto que no buscan la eficacia, sino el señalamiento vergonzante del pobre. Una de nuestras mentoras, cuando leyó el borrador de este libro, nos contó que en la pandemia algunas ONG activaron tarjetas monedero, subvencionadas por la Junta de Andalucía, que obligaban a las personas solicitantes a usarlas en Mercadona. Por su parte, las trabajadoras de la industria del rescate incluso se permitían comentarios clasistas sobre lo que debían o no debían comprar las personas usuarias. «Este dinero no es para jamón ni para gambas». O bien «Si te compras champú, que no sea de marca».

Por ejemplo, les empezaban a arreglar los papeles y les decían: «Tienes que ir a los servicios sociales». Al poco tiempo volvían, porque les enredaban con la burocracia: les daban una cita para mucho tiempo después y, cuando llegaba ese día, les faltaba un papel y entonces les hacían regresar al sitio en el que ya habían estado, porque nunca les explicaban bien lo que había que hacer ni les daban la cita por escrito. Durante cinco o seis años, siempre los vi por ahí: en las colas de los bancos de alimentos, en las colas de los servicios sociales, siempre *enganchaos* a la industria del rescate, sin salir de ahí, porque no te dejan salir. La industria del rescate no funciona para las prostitutas, pero es que tampoco funciona para ningún pobre.

En los mostradores de entidades como la FMP había que decirles a las compas cosas como: «Si está fulanita en la mesa, mejor deja que se pase tu turno y te esperas a que te atienda menganita o vas otro día». Porque una tiene empatía y la otra no. Y todo por el cheque de cincuenta euros del supermercado. ¡La poca capacidad económica que hay que tener para arrodillarse así! Unos vecinos míos hicieron la confirmación porque las monjas se lo pidieron para darles el cheque. Otra vecina había pedido que le arreglaran el cuarto de baño, pero a ella le insistían en que se casase por la Iglesia, porque solo lo estaba por la vía civil. Para el cuarto de baño no tenían fondos, pero le compraron el traje de novia y el trajecito de los niños. Aquí se ve el nivel al que llegan, cómo nos usan para conseguir lo que ellos quieren. En los espacios religiosos, muchas veces el interés es que nuestros niños estén bautizados y después ya no les importa mucho si pasas o no de la Iglesia. Lo que les garantiza la financiación es que se sigan bautizando niñes.

Tengo casos de compañeras que eran «chicos», que eran «maricones del barrio», que empezaron a ir a las trabajadoras sociales y los trataron como mierda, peor aún si eran trans, tanto que a menudo prefieren comer cebolla antes que pasar por los servicios sociales a pedir ayuda por lo mal que los han tratado. Son cosas que no se deben tolerar. Cuando estaba en la APDHA, confirmé que nuestras compañeras prostitutas trans, si no tenían su nombre real reconocido, no podían acceder a programas de inserción laboral, ya que la base de datos de la Junta no permitía incluir nombres masculinos en nada relativo a la prostitución.

El pobre tiene que ser buena víctima; si no, sales de la cola de la pobreza, donde la gente se mantiene por la cesta del banco de alimentos o por los cincuenta euros de las monjas. «Ese es el trabajo del pobre, ver qué va a poner en la olla *to* los días», dicen las compañeras. Porque, si tengo para llenar la olla, no voy a los servicios sociales; pero, si sé que mañana no voy a tener, entonces hoy voy a pedir productos no perecederos y los cincuenta euros de las monjas, y con eso compro carne y productos frescos para cocinar con los no perecederos. Lo mismo con el agua y la luz. Pero, si no llegas a cubrirlo, nadie te lo va a pagar y te cortan los servicios. ¿Qué hace la gente ante situaciones de este tipo? Se mantiene de rodillas, porque no le queda otra. Eso si pueden demostrar que en su casa solo entran 400 euros, porque si son 700 a esa persona ya no se la considera completamente pobre y no recibe esos recursos.

NOTA 5. ESTIGMA

El término «estigma» se refiere al desprecio social que sufren diversos colectivos e identidades. El sociólogo Erving Goffman en 1963 definió este concepto como «una condición, atributo, rasgo o comportamiento que hace que la persona portadora sea incluida en una categoría social hacia cuyos miembros se genera una respuesta negativa y son vistos como inaceptables o inferiores».[35]

El estigma, por tanto, tiene que ver con las expectativas de normalidad que impone el sistema heteropatriarcal racista y colonial, por lo que cualquier desviación en ese sentido (racialización, neurodivergencia, diversidad funcional o disidencia de sexo o género) corre el riesgo de ser estigmatizada.

Las trabajadoras sexuales son uno de los colectivos que más profundamente sufren ese estigma desde hace siglos. Este estigma está atravesado por el concepto de «mala mujer», la moralidad cristiana y el tabú sexual. En muchas ocasiones las mujeres que ejercen la prostitución interiorizan ese estigma y esto les provoca consecuencias psicológicas y aislamiento ante la sociedad y lo colectivo.

Una obra esencial para comprender la profundidad del estigma que sufren las trabajadoras sexuales es *Crítica de la razón puta. Cartografías del estigma de la prostitución,* de la activista feminista y filósofa Paula Sánchez Perera.[36] Según Sánchez, «el estigma es una percepción social que surge de un proceso de esencialización y deshumanización, es decir, una es puta, no ejerce o trabaja. No es una actividad, sino que se percibe como una identidad fija que va a establecer una serie de juicios sobre la persona».

---

35 E. Goffman (1970): *Estigma la identidad deteriorada,* Buenos Aires: Amorrortu Editores.

36 P. Sánchez (2022): *Crítica de la razón puta. Cartografías del estigma de la prostitución,* Madrid: La Oveja Roja. Se puede oír también la sesión «Estigma de puta» de Paula Sánchez en el curso «El pecado original», de Nociones Comunes / Traficantes de Sueños en https://traficantes.net/actividad/estigma-de-puta

Me refiero a la peregrinación del pobre porque ahí es donde más mujeres se ven abocadas a la prostitución. Me refiero a quienes deben ir de una cola a otra, las colas de la pobreza, esas que no salvan a nadie. Entre otras cosas, porque vivimos en un país del primer mundo que come del tercer mundo. Es decir, que nos beneficiamos de tener migrantes, sea *pa* lo que sea: *pa* explotarlos laboralmente o *pa* pedir subvenciones en su nombre. De ahí el cambio en la «tarjeta roja»:[37] antes eran seis meses y ahora tres, y eso es porque nos interesa tener más gente en situación irregular, identificados por la policía o las ONG, que así podrán recibir más dinero de la Unión Europea. Por ese mismo motivo, cuando hay un salto en la valla en el que cruzan muchos inmigrantes, enseguida dicen que hace falta más dinero para atender a los migrantes. Está todo asquerosamente montado para que el pobre proporcione un beneficio a esta comunidad, sea de la manera que sea. ¡Y después dicen que las personas migrantes reciben subvenciones que las autóctonas no tienen! No, vamos a ver, somos lxs españolxs quienes nos beneficiamos de las partidas presupuestarias que teóricamente van dirigidas a ellxs, ya sea a través de los servicios sociales (las administraciones públicas) o de la industria del rescate (las ONG). Hasta *pa* eso te usan y manipulan los números, para que les den la financiación que necesitan, lo mismo por temas de género que de migración.

Luego está el problema de la salud mental de todo el mundo, que tiene que ver con intentar sobrevivir en este puto sistema. Porque ahora hablamos de salud mental, pero en los años 2000 no lo hacíamos. En esa época, un familiar que intentaba desengancharse del alcohol fue a varios centros, pero ningún tratamiento le iba bien. Hasta que uno vía subcutánea de liberación prolongada le funcionó y con él pasó unos años bien. Sin embargo, cuando tenía que renovarlo volvía a lo mismo de antes. La base del problema no es tanto el consumo como qué nos hace consumir. Otras veces venimos rayadas por algo que no nos han diagnosticado. Pero siempre te culpan a ti, nunca es el sistema. La culpa es tuya, porque te gusta el *pirriaque,* porque eres una golfa, porque te gusta la fiesta…

La peregrinación del pobre no solo está presente en la industria del rescate, también se encuentra en todos los espacios donde nos beneficiamos de los pobres. En los espacios donde se crea un referente de buena conducta para que sirva de ejemplo a los demás. Se da, por ejemplo, en el tema de la vivienda,[38] en el caso de las daciones en pago. Los pobres no tenemos las mismas posibilidades para aguantar nuestra vivienda que la clase media. Los bancos tienen mayor predisposición a *rescatar* a la clase media cuando pierde su casa, porque los pobres no le van a generar un beneficio.

---

37   La «tarjeta roja» es el nombre con el que se conoce el documento acreditativo de la condición de solicitante en tramitación de protección internacional. Es un documento provisional que se entrega cuando la solicitud de asilo del extranjero se admite a trámite.

38   Así lo denunciaba la PAH-Vallekas en su acción en la Sareb. Véase «Afectados por los desahucios de Sareb despliegan un "carnet de pobre" en la puerta del FROB», en *El Salto,* 26 de septiembre de 2022, disponible en https://www.elsaltodiario.com/desahucios/afectados-desahucios-sareb-despliegan-carnet-pobre-puerta-frob

También en el ámbito judicial. Cuando la defensa es gratuita, muchas veces resulta deficiente e inútil. Los derechos jurídicos y la capacidad de salir de un juicio hay que pagarlos. Esto hace que haya una gran criminalización de la pobreza. Por ejemplo, en un pueblo el pobre «trapichea» y el rico «hace tratos». Cuando hay una redada policial en la casa de un rico por blanqueamiento de capital, no se hace tanto ruido como cuando se persigue a un pobre. El pobre es señalado, porque nunca se libra, pero quien tiene más privilegios puede silenciar sus canalladas ayudado por los de su misma calaña, porque viven en el mismo territorio, chalet con chalet. El rico puede tapar sus vergüenzas, mientras al de abajo le tocan estigma, condena y penitencia.

En la lucha social, también hacemos la peregrinación cuando tenemos que pedir permiso para estar en los espacios, cuando nuestras capacidades son puestas en duda. Hemos tenido que aprender a decirles a las aliadas de clase media qué es lo que tienen que hacer para ayudarnos en las problemáticas que atravesamos las de abajo en nuestra cotidianidad. La lucha no se puede basar en el peregrinaje de pobres. La lucha tiene que basarse en sumar los saberes de todes, trabajar en comunidad y siempre con la cabeza mirando abajo para que el pobre avance. Todo lo que no sea eso también es peregrinación del pobre.

SI NO HAY DERECHOS, ES VIOLENCIA INSTITUCIONAL

En este tiempo he ido adquiriendo saberes. Antes cargaba el estigma del no saber: sentir que vas a algún sitio y lo que dices no se entiende. Tú piensas que eso no es válido y te cierras. Somos conscientes de que somos sujeto de estudio para la academia y sujeto de uso para la industria de rescate; y para la lucha social política de izquierdas somos el lumpemproletariado: *seres que carecen de conciencia de clase.*

Eses vecines del barrio que se acercaron al 15M a los que no acogimos ni dimos voz ni herramientas para que pudieran expresarse. Se les utiliza, luego se encabronan y se van, y después se dice que «siempre se van», que no se quedan en la lucha; pero es que esa persona está en la lucha para conseguir los recursos básicos para vivir y además se tiene que enfrentar al estigma. Ese lumpen es el que está ahora en la lucha: estamos en la lucha porque supimos resistir y avanzar. Unas hemos llegado más lejos y vamos dejando saberes y herramientas para trabajar; no solo nosotras desde el Colectivo de Prostitutas de Sevilla, también las Jornaleras de Huelva en Lucha desde otro marco. Pero es lo mismo: ellas están enseñando a sus compañeras y compañeros cuáles son los saberes con los que pueden defenderse; les ayudan a rellenar la documentación o les dicen dónde tienen que ir. Y desde un lugar que no te va a dar vergüenza preguntarles si no te enteras, porque no te van a decir, como si fueras un niño chico: «A ver, explícamelo tú a mí si te has *enterao*». Aunque sea en espacios sindicalistas y activistas, los pobres también somos usados, como cuando nos invitan a mesas redondas solo para dar «el toque pobre». Por eso para mí es tan importante que, cuando me invitan a algún sitio, sirva para sumar, que no sea *postureo*.

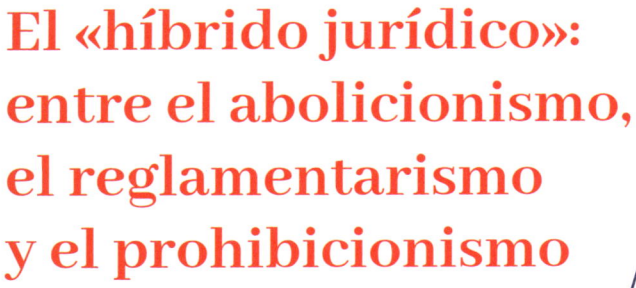

El «híbrido jurídico»: entre el abolicionismo, el reglamentarismo y el prohibicionismo

Un repaso a la legislación española acerca de la prostitución

1970

Ley 16/1970 sobre Peligrosidad y Rehabilitación social. Ley franquista que penaliza todo tipo de ejercicio de la prostitución.

1995

Ley Orgánica 10/1995, de 23 de noviembre. Despenaliza la prostitución (dejan de estar tipificados como delitos el «rufianismo» y la tercería locativa). Tolera la prostitución sin intervenir en ella, salvo cuando existe coacción física o psicológica, que sí es delictivo (proxenetismo coactivo).

1999

Ley Orgánica 11/1999, de 30 de abril, para modificar el Título VIII del Libro II del Código Penal. Introduce el delito de tráfico de personas con fines de explotación sexual. Añade una nueva posibilidad de abuso en el caso de la prostitución forzada: la «situación de vulnerabilidad de la víctima».

1999

Ordenanza Local sobre establecimientos públicos dedicados a la prostitución (Bilbao). Determina distancias mínimas entre burdeles y así aumenta el control y la zonificación del ejercicio de la prostitución.

2002

Decreto 217/2002, de 1 de agosto (Cataluña). Regula los locales de pública concurrencia donde se ejerce la prostitución.

2003

Constitución de la Asociación Nacional de Empresarios Mesalina (ASNEM). Junio de 2003. Su actividad mercantil, según los estatutos, es la tenencia o gestión de hoteles destinados a dar servicios a personas que ejerzan el alterne y la prostitución por cuenta propia. Durante 17 años, hasta la constitución del sindicato OTRAS, existiría patronal, pero no representación de las trabajadoras.

2003

Ley Orgánica 11/2003, de 29 de septiembre. Se vuelve a la situación de penalización previa a 1995. Reforma del artículo 188.1 del Código Penal que tipifica como delito cualquier forma de proxenetismo, incluso cuando existe consentimiento. Así se vuelve a la situación penalizadora previa a 1995.

2005

Ordenanza de medidas para fomentar y garantizar la convivencia ciudadana en el espacio público (Barcelona). Pionera en criminalizar a las prostitutas e imponerles multas; después se aprobarían otras muchas en todo el territorio estatal.

2015

Ley Orgánica 1/2015, de 30 de marzo. Aumenta la pena de prisión del proxenetismo coactivo y explicita a qué hace referencia el término «explotación»: cuando la víctima se encuentre en situación de vulnerabilidad o se le impongan condiciones gravosas.

2015

Ley Orgánica 4/2015, de 30 de marzo (ley mordaza). Primera norma de carácter estatal que criminaliza la demanda de prostitución (con multas al cliente de hasta 30.000 euros). Desde su aplicación se ha multado a miles de trabajadoras sexuales, a menudo a través del artículo 36.6, que sanciona la desobediencia a la autoridad (multas de 600 a 30.000 euros).

2022

Ley Orgánica de Garantía Integral de la Libertad Sexual, conocida como ley del solo sí es sí (Ley Orgánica 10/2022, de 6 de septiembre). Prohibición de los anuncios de trabajo sexual. Finalmente se sacó la propuesta de incluir la tercería locativa.

Fuente: Paula Sánchez Perera, *Crítica de la razón puta,* La Oveja Roja.

Las putas siempre han tenido problemas de vivienda y los tienen ahora, pero no se quejan de su situación. Tampoco se nos ha dado voz a nivel colectivo ni a nivel individual De un modo u otro, eso nos acojona; a mí también. En mi caso, mi piso forma parte del fondo de vivienda social, como más de 9.000 viviendas que fueron pactadas con los bancos a través del Ministerio de Fomento. Vivo con maderas en las ventanas, hay otras que no cierran y la instalación eléctrica da miedo. El Banco Santander aumenta el alquiler todos los años sin hacerse cargo de nada.

Otras veces es mucho peor. El miedo a que los servicios sociales nos quiten las migajas que nos han *dao*, porque esto son migajas asistenciales y no derechos reconocidos. Sin embargo, los derechos por los que estamos peleando están en la Constitución. Lo que hacen con nosotras es violencia institucional permanente, ante nuestro silencio por miedo a levantar la cabeza. Y de eso se aprovecha mucha gente. Hay personas que se arrodillan con el cheque del supermercado El Jamón de 50 euros y guardan silencio, porque saben que, si dejan esa cola de la pobreza cuando les sale un trabajo y después se quedan paradas, no podrán entrar de nuevo en el circuito. Y es que quien vive con 400 o 500 euros, entre los 50 euros de El Jamón, el subsidio de la luz, el banco de alimentos, etcétera, echa cuentas y son 200 o 300 euros que no puede permitirse perder, porque hay que pagar un alquiler y normalmente somos familias monomarentales, mujeres solas que cargamos con todo.

También hay casos, y eso no lo visibilizamos, de gente que necesita ayuda de los servicios sociales justamente porque está sola y no tiene quien le llene el táper, pero como no son familias no se les ayuda. Eso les pasa mucho a compañeras migrantes. Mientras tanto nosotras nos peleamos, como si fuera un patio de colegio, que si a ellas les dan comedor y a nosotras no, en vez de pelear para que haya comedor para todas. Con todo lo demás es igual: el sistema hace que nos peleemos unas con otras, cuando en España las personas blancas están comiendo a través de los servicios sociales gracias a que existen lxs migrantes, ya que con la llegada de las personas migrantes comenzó a llegar financiación para la industria del rescate. Después de la crisis bancaria se empezó a decir que la población migrante se estaba llevando lo que correspondía a la gente de aquí. En cambio, históricamente eso no ha sido así. Lo que sí es cierto es que quieren que vivamos de rodillas ante el sistema y hacen que nos peleemos por esas migajas asistenciales. Es necesario visibilizar que, si no hay derechos, hay violencia institucional. Contra esto tenemos que pelear juntes creando una red de apoyo y colectivos de trabajadoras —seamos pobres o no— y peleando en todos los espacios por mejorar la situación de estas compañeras, con espacios de autogestión para que no tengamos que depender de esas migajas.

NOTA 6. LA INDUSTRIA DEL RESCATE Y PAN DE COÑO

La antropóloga Laura Agustín en su libro *Sexo y marginalidad. Emigración, mercado de trabajo e industria del rescate* acuña el término «industria del rescate» para referirse a todo un sector económico, que implica a diversos agentes sociales, basado en «rescatar» a personas vulnerabilizadas por el sistema a través de proyectos caritativos, gubernamentales, policiales, médicos, psicológicos y comerciales.[39] Una industria que, según Agustín, mueve fondos cada vez más importantes y construye relaciones jerárquicas entre personas «rescatadas» y agentes sociales de apoyo.

El estudio de la antropóloga argumenta que esta industria se basa en un discurso victimizante sobre las mujeres migrantes y las trabajadoras sexuales a través de una retórica institucional basada en la idea de la lucha contra el tráfico de personas. Agustín sostiene que la idea de rescate «mantiene la división de las mujeres en dos grupos: las que supuestamente son libres y capaces de elegir todo lo que les pasa y las que supuestamente son esclavizadas y no tienen capacidad de elegir nada». Lo que supone una reducción al absurdo de «las complejidades de la migración y los mercados laborales».

La industria del rescate genera miles de puestos de empleo y expertos en la materia, además de estar sustentada en ideas racistas y coloniales. El concepto, además, está muy en relación con la figura de «el/la salvador/a blanco/a». A pesar de que el estudio de Agustín se centra en el trabajo sexual, la industria del rescate se basa en la utilización de cualquier tipo de colectivo vulnerabilizado o excluido socialmente.

El concepto «pan de coño» sigue la línea de pensamiento de la industria del rescate, ya que hace referencia a que el sustento económico de una persona viene de utilizar el cuerpo de personas vulnerabilizadas.

En el Estado español la industria del rescate y el tercer sector generan miles de puestos de trabajo sostenidos a través de subvenciones nacionales e internacionales. En muchos casos las labores de «rescate» que se les presuponen a estas entidades implican un perjuicio para las personas que acceden a ellos. Este es el caso de APRAMP (Asociación para la Prevención, Reinserción y Atención de la Mujer Prostituida),[40] que en 2021 fue denunciada por sus trabajadoras en los pisos

---

39 Laura Agustín (2007): *Sexo y marginalidad. Emigración, mercado de trabajo e industria del rescate*, Madrid: Editorial Popular. Se puede ver también una entrevista a Agustín en «La prostitución, al ser imposible de abolir, es un blanco fácil y permanente», en *latfem.org*, 12 de marzo de 2020, disponible en https://latfem.org/la-prostitucion-al-ser-imposible-de-abolir-es-un-blanco-facil-y-permanente/

40 Véase Beatriz Hernández Pino (2021): «Trabajadoras denuncian los métodos de APRAMP para sacar a mujeres de la trata», en *Pikara*, 13 de octubre, disponible en https://www.pikaramagazine.com/2021/10/trabajadoras-denuncian-los-metodos-de-apramp-para-sacar-a-mujeres-de-la-trata/

en los que acoge a sobrevivientes de redes de trata con fines de explotación sexual por los métodos que utilizaban. «La comida justa. Los pisos cerrados con llave. El maquillaje prohibido. El contacto con la familia restringido a unos minutos a la semana», contaban antiguas trabajadoras. Y añadían que «sus propios contratos de trabajo eran temporales, que se renovaban anualmente, que pocas duraban más de dos años, y que sus jornadas de trabajo eran de más de 12 horas, con cambios de turno imprevistos».

En otras ocasiones esta industria supone un nicho de mercado nuevo para el enriquecimiento de grandes fortunas, como es el caso de Florentino Pérez y los cursos de formación para «colectivos vulnerables» con el objetivo de la «integración social».[41] En particular CLECE, la rama de servicios de ACS (mantenimiento integral de edificios, incluidos hospitales, servicios urbanos y servicios sociosanitarios, para mayores, educativos y servicios sociales), presume de ser una empresa de integración social —el 10 % de sus empleados provienen de colectivos socialmente desfavorecidos, según su memoria social— y firma convenios con entidades sociales —por ejemplo, con la Cruz Roja— para dar formación a víctimas de violencia de género, explotación sexual o de trata de seres humanos,[42] pero luego el sueldo que da no llega a los 600 euros.[43] Carmen de Diego, de SAD Asturias, lo señalaba: «¿A quién quieren engañar con esos cursos de reinserción? Lo único que hacen es cobrar subvenciones para ejecutar esos cursos y tener disponibilidad de un montón de personas».[44]

El Colectivo de Prostitutas de Sevilla (CPS) ha denunciado la concesión directa (a dedo) en 2024 de 12,9 millones de euros en subvenciones a ONG para inserción sociolaboral de mujeres víctimas de trata, explotación sexual y «en contextos de prostitución»:[45] la mayor a Médicos del Mundo, de hasta 7.887.280 euros; a las religiosas de la Obra Social de Adoratrices de España, 1,6 millones; a los religiosos de la Fundación Cruz Blanca, hasta 1,4 millones de euros; y a APRAMP, de cuyos pisos ya hemos descrito la situación, 249.460 euros.

---

41   Véase Aurora Báez Boza (2022): «Las trabajadoras de los cuidados contra los negocios de Florentino Pérez», en *El Salto*, 21 de febrero, disponible en https://www.elsaltodiario.com/precariedad/trabajadoras-cuidados-contra-negocios-florentino-perez

42   «Cruz Roja en Melilla han querido apoyarse en la empresa [CLECE] para ofrecer a estas mujeres un itinerario de formación que les permita mejorar sus perspectivas de futuro, de modo que tras realizar un curso lleven a cabo las prácticas profesionales en el servicio de limpieza de CLECE». Véase «Clece colabora con Cruz Roja para fomentar la inclusión laboral», en *El Faro de Melilla*, 25 de abril de 2023.

43   Báez Boza, ob. cit., 2022.

44   Ibídem.

45   Véase el hilo de Twitter (X) de @CPSproderechos, 11 de noviembre de 2024.

El CPS ya había denunciado los escasos resultados de Médicos de Mundo a partir del análisis de su memoria de 2023. «Declaran haber realizado "intervenciones" con 12.911 mujeres de las cuales 209 mujeres se han sumado al mercado laboral, APENAS el 1,62 % […]. Resulta que las víctimas de trata atendidas no llegan ni al 3 %: de las 14.954 mujeres "atendidas en situación de prostitución", 390 presentaban "indicios de trata", el 2,61 %», lo que por otra parte no cuadra con el mantra abolicionista de que el 90 % son víctimas de trata. Y más adelante añadían: «Mucho del trabajo de Médicos del Mundo lo hacen voluntarios y voluntarias, y "asistencia" le llaman incluso a entregar un preservativo para engrosar sus estadísticas». Terminaban preguntándose: «¿Alguien al mando de lo que están haciendo estas entidades con los Fondos del Plan Camino?».[46]

LA INDUSTRIA DEL RESCATE SE HARTA DE COMER PAN DE COÑO

En 2017, estábamos agobiadas por el nuevo plan para la prostitución en Sevilla. Recuerdo un día que estábamos en una *garbanzá* popular en la velada de mi barrio, Cerro-Amate. Dos compañeras de AMEP, con las que nos habíamos reencontrado después de unos años, me dijeron:

—Quilla, pues montamos una asociación. Lo que hacíamos antes.
—Ahora no tiene que ser una asociación, tiene que ser un colectivo que esté en el movimiento social y no en la industria del rescate —les contesté.
—Sí, pero nos ayudaba —insistían ellas.

Y así era. Desde mi saberes de hoy, he de romper una lanza a favor de la FMP. Era de las pocas entidades que contrataban muchas compas para ejecutar proyectos: gitanas, trans, exdrogodependientes, prostitutas, migrantes, etcétera.

Y es que ya lo he dicho antes: no creo en el purismo y sí en los matrimonios de conveniencia. La industria del rescate, desde su mirada paternalista y abolicionista, no va a luchar por nuestros derechos, pero sí podría apoyarnos en algunos objetivos comunes y en algún momento vimos posible esa alianza. Es triste que ya no sea así. Que hayan ido,

---

46   Véase el hilo de Twitter (X) de @CPSproderechos, 13 de septiembre de 2024. El informe de MDM puede verse en https://www.medicosdelmundo.es/memorias/2023/

cada vez más, hacia posturas que nos violentan, a las putas y a cualquiera que no piense como ellas. Su lucha es a todo o nada. En ningún momento se les ocurre la posibilidad de pedir protección real para las víctimas de trata o para quien quiera dejar la prostitución. No han articulado una lucha progresiva a través de la industria del rescate que se preocupe por esas personas a las que dicen defender. Y cuando han utilizado la industria del rescate ha sido para ponerla en nuestra contra. Lo que nunca han entendido las abolicionistas de este país es que las mujeres a las que se refieren como «supervivientes de la prostitución» en realidad son supervivientes de un sistema que las ha subalternizado toda la vida. Y la industria del rescate te pone en un sitio u otro, pero siempre te deja en esa misma posición subalterna. Nadie quiere sacarte de ahí; entre otras cosas, porque entonces ya no les servirías.

Lo que hemos recibido del movimiento abolicionista ha sido violencia. Utilizan los mismos marcos *machirulos* que los tíos para ejercer violencia contra otra persona. Por ejemplo, cuando un tío lanza mentiras a tu familia y tu gente para separarte de ellas. Eso mismo intentó hacer conmigo alguna gente, como Charo Luque. Quedó muy claro en unas jornadas en las que, por suerte, también estaba María Sánchez, que dijo muy decidida: «¿Cómo que las putas no pueden hablar?». Esa misma violencia de Luque hizo que a aquellas jornadas vinieran compañeras que no habrían ido en otras circunstancias, porque se consideraban abolicionistas; pero no aceptaban que nos trataran así. Empecé mi charla diciendo: «Solo quiero que os bajéis de vuestros zapatos y os pongáis un momento sobre mis tacones…». Yo aún no tenía lenguaje, solo era soltar mi rabia con un poquillo de orden. Ahí me di cuenta de que mis saberes valían para algo. No fue por lo que dije desde la rabia, sino porque al día siguiente Rocío Medina publicó un artículo en *El Confidencial* y eso para mí fue tremendo. Contó que era un feminismo que había llegado para quedarse, que lo estaba atravesando todo, que lo de nosotras también valía. Pero eso ya forma parte de otro capítulo de esta historia.

IV. ¿Y ESTO SIRVE *PA* LAS PUTAS?
LA HISTORIA DEL COLECTIVO DE PROSTITUTAS DE SEVILLA

Comencé a arrejuntarme en otros espacios, ampliar mi círculo y aprender cosas nuevas. Yo, que en aquella época casi no sabía lo que era un ordenador, entendí lo que era Internet cuando ya quería irme de la FMP y casi me vuelvo loca. Poco a poco, después de participar con Hetaira en unas jornadas en Canarias, me fui enterando de más cosas y accedí a distintos debates. Entonces me terminó de explotar la cabeza. Entre otras cosas, me cuentan que a las compañeras migras, en las redadas policiales en los clubs, les quitan el pasaporte y emiten orden de expulsión, muchas veces con devoluciones en caliente.

Gracias a todo eso, mi interés político aumentaba. También por los saberes de Rafa, mi marido, que fue una importante guía. Recuerdo un día que, de algún modo, supuso el inicio de mi apertura al activismo político. En la época que pasé con depresión, pasaba muchas horas en Facebook jugando al Sim City Social. El juego era bastante capitalista: manejabas una ciudad y, si los obreros se ponían en huelga, te los cargabas y punto. Un poco lo que hacen con nosotras en los barrios pobres, que no nos matan, pero nos meten a todxs juntxs en un gueto y nos echan la culpa de lo que nos pasa. Un día que estaba jugando, vi en el Messenger: «Marcha negra». No sabía a qué se refería, así que le pregunté a Rafa y él me contó que se trataba de una lucha de los mineros y de la metalurgia. Me explicó que el PSOE se había cargado esa industria, y así empecé a descubrir también que Felipe González fue un traidor.

Desde ese momento empiezo a enterarme de todas las luchas de finales del 2010, en plena crisis. El 15M estaba a punto de comenzar. En ese contexto, el 31 de diciembre nació mi hijo pequeño. Al principio, con un bebé recién nacido, las movilizaciones me cabreaban, porque no podía pasar con el carrito. Tampoco podía involucrarme, ya que no llegaba a todo. Lo vivía desde la distancia, intentando leer todo lo que podía en las redes. En junio de 2011 me uní a la manifestación de Democracia Real Ya. Las consignas decían: «Despierta», «Vente ya». Me dije a mí misma: «Pues sí que voy a ir». En la primera mani a la que fui vi muchísima gente organizada de distintos espacios; a pesar de que en las convocatorias de aquella época se pedía que no fuese nadie con banderas de partidos y sindicatos, la gente igualmente las llevaba. Cada vez que veía una nueva bandera, le preguntaba a Rafa, que era una biblioteca andante, qué representaba. Mis ganas de seguir aprendiendo no paraban, así que mi marido acabó por decirme que le preguntara al Google para resolver mis dudas. «Tú, a pensar por ti misma y, si tienes dudas, me preguntas», me decía. A medida que fui investigando, comprendí que Rafa era anarquista y que esa gente y los comunistas estaban peleados. Esos días conocí a Consuelo, que fue una de mis grandes comadres y aliadas; con ella aprendí mucho de feminismo y de luchas obreras, y estuvo a mi lado desde entonces, a pesar de que sufrió violencia por acercarse a una puta.

Por aquellos días, decidimos abrir un Punto de Vivienda (PIVE) en mi barrio, en el colegio del Diamantino, para no tener que ir a Triana a reunirnos. En ese punto de vivienda nos dimos cuenta de que muchas mujeres sufrían violencia de género y formamos el grupo Mujeres del Diamantino, que era el primer movimiento feminista de mi barrio. Fue un proyecto con mucha iniciativa, pero pienso que se lo cargó Podemos con tantas imposiciones. Estos llegaban, les hablaban de trotskismo y repartían trabajo, cuando nosotras lo que queríamos era saber cómo evitar un desahucio. Muchas compañeras se alejaron del movimiento, porque vieron que muchos iban a medirse la polla y que no querían que formáramos parte siendo nosotras, sino que esperaban que fuéramos lo que ellos querían y como ellos querían. O sea, al son que ellos tocaban. Lo de siempre: querían tutelarnos como el resto de partidos, como los sindicatos, como las ONG. Cambian las formas, pero no cambia la fórmula.

Me informé y aprendí mucho sobre las luchas sociales del momento, los colectivos políticos, los sindicatos que había y esas cosas, pero sobre todo aquella fue la época en la que empecé a entender que necesitaba juntarme con otros, pertenecer a un grupo, sentirme representada en algo. Así que empecé a hacer juntiña con la asamblea del 15M que surgió en mi barrio. En estas asambleas hablaban de Marx y al principio yo pensaba que era un tío de mi barrio, hasta que mi Rafa me explicó qué era la teoría marxista. Me cagué en la teoría, porque yo quería más herramientas y menos teorías. Además, me jodió enterarme de que Marx era un privilegiado, que es verdad que había perdido privilegios por juntarse con nosotrxs, pero que de alguna manera también se agarró a las tetas de las de abajo. En aquellas asambleas también había privilegiados que nos usaban, esos a quienes no los atraviesa nada, porque están en su teoría. Personas con las que vamos juntas a una manifestación y después se van a tomar una cerveza, mientras otras nos volvemos a casa caminando una hora y veinte minutos desde la Alameda porque no nos alcanza ni para pagar el bus.

A la hora de vincularme a colectivos, yo me fijaba más en si tenía que ver con ellos que en si se denominaban o no proderechos; de hecho, nadie hablaba de puterío, sino de lucha obrera. La lucha proderechos no existía. En uno de los primeros sitios que me sentí interpelada fue en el SAT (Sindicato Andaluz de Trabajadores/as), de Diego Cañamero. Sentía que realmente representaba al campo y al pueblo. Formé parte de la Marcha de la Dignidad[47] con ellos, en la Columna Sur, y vi cómo, con su actitud, se cargaron un movimiento en dos años. Diego Cañamero tomó la decisión de que la columna fuera solo de Andalucía y eso dejó a los extremeños sin representación, lo que a su vez provocó malestares internos y que cada vez hubiese menos juntiña. La gente formaba corrillos alrededor de Cañamero y sus afines. Vi demasiado interés y peleas por meter una pancarta y una bandera delante de las otras y eso comenzaba a joderme.

Otras mujeres y yo nos habíamos estado encargando durante toda la organización de las Marchas de la Dignidad de las cosas de *pringá:* buscar autobuses, recoger dinero o preparar la comida. Contaban con nosotras para poner *el puntito pobre* y para hacer la paella. En alguna ocasión, tras pasarnos un día entero preparando comida para un evento, nos criticaban que había costado mucho dinero, cuando era porque algunas personas habían invitado a su gente. Cuando la gente de Andalucía llegamos a Madrid para unirnos al resto de manifestaciones estatales, las mujeres estábamos encargadas de organizar las camas. Después de cenar, Cañamero y su juntiña se quedaron hablando en el sitio que dormíamos, así que los demás, aunque estábamos muertos de cansancio, tuvimos que esperar a que acabaran.

En una ocasión, cuando una de las Marchas de la Dignidad estaba en plaza de Castilla, la policía nos rodeó. Tenían preparadas las lecheras para apalearnos. Durante un rato no nos pegaron porque estaban las cámaras de televisión, pero cuando se fueron la policía comenzó a actuar con violencia. En ese momento, las mujeres se pusieron delante para intentar frenar lo que venía. Ellos a veces también se salvan de recibir palos porque las mujeres se ponen al frente.

Con las *entendeeras* que yo tenía en ese momento, pensaba que tenía que formar parte de un partido político, que solo así se podían cambiar las cosas, y que la juntiña de Cañamero sabría adónde llevarnos. Hasta que nació Podemos. Es importante tener en cuenta los saberes de todos, pero mirando *p'abajo* y con estrategia. Cañamero no tuvo nada de eso desde que se metió en el Congreso y ahí perdimos todxs lxs de abajo. Perdemos cuando se meten en política para calentar el asiento.

---

47   Véase Luis F. Durán (2014): «Al menos 101 heridos, 67 de ellos policías y 29 detenidos en disturbios tras la "marcha de la dignidad"», en *El Mundo*, 23 de marzo, disponible en https://www.elmundo.es/madrid/2014/03/22/532de8c8268e3eeb178b4576.html

En algunos casos, nos hemos encontrado con una «élite de las bases» que pretende, una vez más, robarnos los saberes y tutelarnos. Parece que tenemos que pedirles permiso para hablar. Nos ha pasado varias veces que sentimos que se agarran a nuestras tetas para chuparnos los saberes, meternos en un libro y visibilizarse dentro del *feminismo inclusivo de los márgenes interseccional crítico antipunitivista*, incluso por parte de algunas que partían de un abolicionismo con mala leche y avalaban la persecución y el acoso policial a través de ordenanzas municipales. Esas «élites de las bases» a veces nos adoctrinan y otras adoctrinan a otras mujeres que militan en sus espacios para que ellas nos adoctrinen. Para tutelar nuestra lucha y marcarnos el paso. Eso lo hemos vivido las putas, pero también las jornaleras y las kellys (en su caso, por las élites de las bases sindicalistas),[48] las que tenemos vidas precarias y nos atravesamos. Unas veces por desprecio y otras por miedo (porque no quieren abrir el melón donde no hay consenso y que se líe la marimorena), lo de las putas —igual que lo de las trans racializadas, las trabajadoras de hogar o las obreras rurales— terminaba quedando atrás.

LAS QUE NOS ABRIERON PASO SIN PEDIRLES PERMISO

Recuerdo que una persona que acudía a las asambleas del 15M era director en un colegio de mayores y me dijo una vez:

—Lo que tienes que hacer es ponerte a estudiar.

Yo le respondí:

—Voy a aprender cuando tenga que aprender.

Y con mi niño todavía pequeñito me apunté a la ESO. No podía con tanto, pero mi marido, Rafa, me compró unos libros para que yo aprendiera y me dijo que también podía estudiar por libre. Yo empezaba a ver los libros de mi niño y me angustiaba que llegara el día en que no supiera explicarle la lección. Sin embargo, el temario de la ESO me aburría, porque yo quería cosas que me sirvieran en el ahora, no para mañana. Me nutría de todo. Como había empezado a tener problemas con la vivienda, aprendí mucho del movimiento, de los sindicatos y otros colectivos, como Acción en Red o APDHA. También me acerqué más al feminismo. La Consuelo, que siempre estaba a mi lado, me explicaba las cosas de la clase obrera con un lenguaje más de calle. También comencé a poner el cuerpo en todas esas luchas, pero con toda esa información a mí me surgía continuamente una pregunta: «¿Y esto sirve *pa* las putas?».

---

48   Se puede ver un ejemplo en Ana Pinto y Nazaret Castro (2023): *Abramos las cancelas. La lucha de las jornaleras de Huelva por otro modelo de agricultura,* Madrid: La Laboratoria.

En 2013 me encontré a mi primer gran referente en la lucha puteril, mi puta mayor: Montse Neira, que no solo era activista por las trabajadoras sexuales, sino también por los derechos humanos. Es la activista que más me representa, porque nunca he pensado mi lucha solo en relación a las trabajadoras sexuales, sino por la defensa de los derechos humanos para todas. Con ella también llegaron Kenia, Clarisse, Janet, Carol, Lucía, Iris y muchas más compañeras a las que seguía por redes sociales. Asistí a una charla de Montse y le dije: «Aquí estamos años después con la misma violencia». Días más tarde, formaba parte de la APDHA como voluntaria. En la APDHA había un área de trabajo sobre prostitución, donde participaban diferentes sedes. Desde Sevilla creamos un grupo de trabajo que luego pasó a ser el área de trabajo sexual.

Antes de formar el Colectivo de Putas de Sevilla (CPS), hablé con gente de Podemos y de Adelante Andalucía y les conté que quería montar algo de las putas. En junio de 2017, yo había ido de la mano de APDHA a la Consejería de Salud y me tocó oír muchas tonterías. El estigma nos lleva a pensar que tenemos un cartel en la frente que dice: «Soy puta», pero no es así. Estábamos allí para hablar de la renovación del Convenio de Salud para que las personas que ejercen la prostitución tengan acceso a las tarjetas sanitarias, pero querían incluir pruebas del sida. Una vez más, no buscaban tanto el bienestar de las prostitutas como un mayor control; no solo sanitario, también de movimiento. Monté en cólera y dije: «Por eso las putas deben organizarse, porque esas cosas no se pueden hacer sin contar con nosotras, sin entender el trato que recibimos en los centros sanitarios». Las de APDHA intentaron frenarme, pero no podían. Yo abandoné la reunión poseída y a partir de ese momento tuve claro que nosotras necesitábamos un colectivo. «Las putas se tienen que enterar de esto», repetía. Nos teníamos que organizar.

Un día, volviendo de limpiar, cruzaba un polígono en autobús y vi un cartel que decía: «Sala de fiestas», donde antes había un club. Me pregunté si eso tenía que ver con las licencias, así que consulté a la gente del 15M y APDHA. Por entonces teníamos a Participa Sevilla, la marca blanca de Podemos, en el ayuntamiento y les pedimos que nos ayudasen a averiguarlo y a formular algunas preguntas en el ayuntamiento. La respuesta fue que no sabían nada, ni siquiera sabían cuántos clubs había, porque, según decían, se cambiaban de nombre. En un pleno les grité: «¿Cómo carajo es posible que no sepáis dónde están los clubs, si solo hay que mirar las direcciones donde hay licencias? ¡Basta con seguir las luces de colores y llegáis sin confusión, salvo en Navidades!».

A partir de ahí, fuimos a más. Pedimos las licencias y no nos las daban. Hasta que me enteré de que las gestionaba Medio Ambiente. No entendía nada. Pero al buscar qué partido político gobernaba cuando se concedieron esas licencias, lo que vi fue que ahí estaban el PP y el PSOE, pero también el PCE cuando gobernaba con el PSOE y el Partido Andalucista. Todos ellos habían participado en la concesión de licencias a clubs como Don Angelo.[49] Es decir, que todos han comido pan de coño y se han beneficiado del sistema proxeneta. Y aún tienen la poca vergüenza de decir que van a montar «ayuntamientos libres de prostitución». Por eso yo digo que el PSOE no es abolicionista: es regulacionista, lo que pasa es que hay señoras que *posturean* para conseguir aferrarse a ciertos sillones.

En estos días también me enteré de que el ayuntamiento de Sevilla pondría en marcha el segundo plan contra la prostitución, que solo nos traería persecución y acoso.

Ese año comencé con la juntiña que tenía de diversos espacios en ese camino, di con *femilistos* que mostraban empatía pero que en el fondo eran unos trepas y utilizaban la lucha abolición-regulación, como otras luchas feministas, en su propio beneficio. Creamos algunos monstruos y reforzamos a machos que cambiaban de forma, pero no de objetivo: marcarnos el paso. Pero una no se da cuenta de eso hasta que pasa un tiempo.

EL ACTIVISMO POPULAR QUE ME DESCARGÓ DE CULPAS

En aquellos años, además de involucrarme en esos diversos colectivos, aprendí mucho de feminismos. Para mí una charla es un tutorial de feminismo, porque eso fue lo que yo hice para aprender. Primero veía tutoriales para arreglar cosas que se me rompían en casa y después veía vídeos sobre feminismo y antirracismo. Si quería saber algo, preguntaba a la gente de mi alrededor: «¿No hay algo de feminismo para torpes?». Una vez me recomendaron *El espejo de la prostitución,* de Dolores Juliano. Ese libro no he conseguido terminarlo, pero lo he abierto muchísimas veces. Rafa me lo dio, porque él me buscaba información sobre putas y sobre el estigma, incluso letras de canciones como *María la portuguesa,* de Carlos Cano. Todo eso me ayudó a darme cuenta de que lo que me pasaba en mi pueblo tenía mucho que ver con María Magdalena. Siempre me había visto muy reflejada en ella, cuando la veía en la procesión de espaldas, lavando los pies a Jesús. Desde esas conversaciones con Rafa, me pregunto si «las malas mujeres» siempre vamos a estar como ella. Me di cuenta de que había historias de prostitutas dentro de la cultura popular, de las historias andaluzas y de mi realidad cercana. Una de las cosas que más me marcaron fue la comparsa Las Damas de Noche en el Carnaval de Cádiz: iban vestidas de putas, estaban en el puerto, tenían una vida de día y otra de noche. La dama de noche era la flor que permitía reconocer los locales de putas antiguamente. Esa comparsa me conmovió mucho y me impulsó a empezar el camino de la lucha.

---

49 Chema Rodríguez (2018): «Derriban el Don Angelo, el prostíbulo en el que gastaron 15.000 euros con las "black" de la Junta», en *El Mundo,* 18 de diciembre, disponible en https://www.elmundo.es/andalucia/2018/12/18/5c192b5cfdddffc7a48b467a.html

Pienso mucho en la fuerza de los sentires de la gente, son más fuertes que cualquier tipo de principios que quieran imponernos. A veces idolatramos a grandes figuras de la izquierda por lo que supuestamente hicieron por mejorar la sociedad y en realidad estaban tutelando, trepando y marcando el paso. Cuidado con adoctrinar, es como aniquilar a nuestras ancestras, que se movieron por algo esencial: tener empatía unas con las otras. Como cuando los comunistas no dejan que la izquierda avance y, en vez de aprender, lo que hacen es meterse en nuevos espacios. Las mujeres, de una manera u otra, nos medimos las tetas también, porque muchas veces lo que perseguimos realmente es poder. El poder. Como dice la letra de Carnaval, «soñar con una caleta donde no manden reyes ni vasallos, que gobierne solo la voluntad del pueblo».

Con todo este bagaje, pasé de preguntarme si esto sirve *pa* las putas a empezar a montar el Colectivo de Prostitutas de Sevilla. Gracias al 15M, a esas alturas ya tenía mucha conciencia de lo que quería para mí y para mi gente. Me fueron atravesando ciertas cosas por las que estaba pasando a nivel personal. Y había cosas que yo empecé a ver que sí, que servían *pa* las putas. Encontré colectivos y movimientos que nos podían ayudar, pero cuando los conocía por dentro percibía la jerarquía que existía. Una vez más, las élites de las bases. Así que era el momento de autoorganizarnos para entender qué era lo que les podría servir a las putas.

SACUDIRME EL ESTIGMA, MIS PRIMERAS JUNTIÑAS

Los saberes de las primeras juntiñas son los que comienzan a sacudirme el estigma puta. Un día, en una reunión de la APDHA, yo explicaba que una renta básica de 400 o 500 euros podía no sacarte de puta, pero te evitaba mucha violencia económica y de otros tipos. Hay muchas cosas que no pasarían si todas tuviéramos ese ingreso mínimo; hay muchas mujeres que no estarían esperando para entrar en un sitio miserable y no porque el trabajo sexual sea miserable, sino por las condiciones en las que se ejerce; porque no entramos por amor al arte, sino por la violencia feminizada económica e institucional. En ese momento me preguntaron si quería participar en unas jornadas con Pura Sánchez. Asentí y entendí desde el comienzo que me atravesaba con ella en *to* lo andaluz. Y como no me veía capaz de leer los tochos que escribe, decidí ir a escucharla allá donde fuera.

El 23 de septiembre de 2017 fue declarado Día contra la Trata y habían empapelado Sevilla con carteles que rezaban: «No hay excusa para que te vayas de putas». Tuve que meterme en los espacios políticos donde se hablaba de nosotras para opinar sobre esa campaña. Consuelo me guiaba, Borja empujó desde la APDHA y la secretaria, Vanessa, a través del grupo del área de trabajo sexual iba conmigo al fin del mundo. Me junté también con Talia y Ana Rosado, que con sus saberes me sacudieron el estigma, porque me daban información, y así fue saliendo el orgullo puta. Me metí en el círculo de

Participa Sevilla y me gané la guía de Pepa Cabanilla. De ese modo sacamos un manifiesto de alcance local y autonómico. Pero era muy difícil conseguir apoyos en Sevilla. Escribí un correo electrónico a todos los colectivos que conocía por las redes sociales, ya no sabía qué hacer. El día del pleno en el ayuntamiento, el 26 de septiembre, di mis argumentos, se montó un pollo y me echaron gritando: «¡Esto no es un ayuntamiento regulacionista!». Daba igual: *to* el *pescao* estaba *vendío*. Yo no iba a perder más tiempo en el ayuntamiento. Mi hijo tendría siete años y me lo había llevado. Estaba allí con sus casquitos *sentao*, ni siquiera se enteraba de la que yo estaba montando allí. Les gritaba: «¿Ustedes no queréis escuchar a las putas? ¡Pues nos vais a escuchar en las calles!».

El 10 de diciembre salió el primer manifiesto de las putas y lo leí con la gente de la APDHA en una manifestación. Después de las Navidades tuvimos una reunión de presentación en la APDHA y nuestra primera asamblea como CPS en el CSOA La Revo, con Ariadna Riley como cofundadora y Jessica Cusell.

En marzo de 2018, el CPS salió por primera vez a la calle. Yo pensé que iría muy poca gente, unas pocas putas, las cabezas visibles de siempre, que ya nos conocíamos. Y flipamos. Rafa apareció con las madres de las actividades extraescolares y llegaron los compas del 15M. Los paraguas rojos caminaban entre la multitud. Nos salimos del circuito y les niñes fliparon con la purpurina, las máscaras, los globos, los paraguas; lo pasaron de miedo, fue brutal. En la manifestación cantábamos: «Si las putas tiraran de la manta, se iba a ir al carajo hasta la Semana Santa», «Acoso policial, violencia institucional», «Más derechos *pa* las putas y menos violencia». La gente escuchaba la palabra «puta» y nos miraba impresionada. Y yo repetía: «Puta, puta de las que cobran, ¿eh?». Sentíamos que la gente comenzaba a empatizar con nosotras. Para cuando llegamos a la Alameda, éramos muchas. En ese momento se acercó una madre y dijo:

—¡Hostia! ¿Que vamos con las putas?

Yo pensé: «Verás la que le van a montar a Rafa». Y él respondió:

—Sí, yo lo dije. Mujeres son, ¿no?

Ella le preguntó por qué estábamos ahí y si nos conocía, y él respondió:

—Esta es mi pareja, la madre de Álvaro.

Al principio, la mujer se echó un poco para atrás, pero después lo asimiló, se acercó a mí y me dijo:

—Yo en el barrio conozco a dos o tres. Si quieres, te las presento.

A partir de ahí, fue maravilloso. No solo no tenía que esconderme más en las extraescolares, sino que, cada vez que había algo que tuviera que ver con sexo o feminismo dentro de espacios educativos, me llamaban a mí a nivel personal.

MI ORGULLO PUTA, EL COLECTIVO Y LAS VIOLENCIAS CRECEN

Poco después del nacimiento del CPS participé en unas jornadas en APDHA con Pura Sánchez y unos días más tarde fui a su programa feminista en Radiópolis junto a su compañera Rocío Medina, que estaba en Podemos Andalucía como secretaria de feminismo y además era profesora de Pensamiento Político Feminista en la Universidad Pablo Olavide (UPO). También se hizo la primera *putifiesta* del CPS y comenzó a seguirnos gente.

Pusimos unas pegatinas por *to* los *laos* para que nos conocieran, que decían: «El ayuntamiento persigue a las mujeres». También me dedicaba por aquella época a empapelar los barrios pijos en los lugares que sabía que había casas de putas.

Por aquellos días conocí a Paula Sánchez, quien me habló del modelo neozelandés.[50] Aquello me sirvió para ubicar de forma global la lucha de las putas y saber qué caminos hay. De Rocío Medina había aprendido que es importante participar en los partidos, mostrar su mierda, ocupar espacio dentro y fuera de ellos y alzar la voz, algo que también sucede con la universidad. Entendí que, si era tan importante silenciarnos, quería decir que lo estábamos haciendo bien. Sabía que mi rabia se podía tejer por muchos lados, pero no sabía qué capacidad tenía de atravesar con la gente ni qué capacidad tenía de acoplar todos esos saberes a lo que nosotras necesitábamos, a lo que estaba sucediendo. Empecé a tener mi juntiña de putas: la Lucía Fernández, la Kenia, la Pepita, la Beyoncé, la Conxa Borrell, la Paula Esquerra… Según el perfil de cada una, les preguntaba en privado; les preguntaba por alianzas, porque ya no me valía solo con la conciencia de clase que había aprendido con Consuelo y necesitaba otros saberes, entender cómo nos articulábamos con las herramientas que teníamos. La gente comenzaba a comprender que estábamos allí por los derechos laborales de las putas, no por la salvación.

Conforme íbamos haciendo cosas y dándonos a conocer en la ciudad, se nos iban cerrando todos los espacios sociales y feministas. Cada vez que pedíamos un espacio para hacer una asamblea, surgía un pero y lo mismo nos ocurría con los centros cívicos. Pedimos que nos dejaran ir a un evento organizado en Lanónima. Nosotras, que habíamos nacido sin pedir permiso a nadie, tuvimos que pedirlo por primera vez. En ese espacio había dos o tres abolicionistas que nos acusaron de que hacíamos tratos en las putifiestas que convocábamos después de los eventos. Los únicos espacios en los que nos sentíamos a gusto eran el CSOA La Revo y Lanónima. Cuando esta cerró, ya no hicimos tantos eventos ni asambleas. No me siento a gusto en los espacios que hay.

En la manifestación del Primero de Mayo de 2018 salimos a reivindicar como clase obrera nuestros derechos. En esta ocasión el movimiento feminista salía primero y en

---

50   Para profundizar en el modelo neozelandés, se puede leer Gillian Abel y Lynzi Armstrong (2022): *Trabajo sexual con derechos. Una alternativa de despenalización*, Barcelona: Virus.

un punto del recorrido nos unimos con los hombres. Estoy segura de que las compañeras abolicionistas habían pedido a sus machos que nos boicotearan, que es lo que hicieron y, al más puro estilo guardia pretoriana con sus brazaletes y banderas, invadieron nuestro espacio. Lo que no se esperaban era que les sacáramos una consigna a pie de tajo. «Sí, lo sabemos, los machos rojos también son puteros»... Al rato no quedaba ni un *comumacho*. Poco después, el 10 de mayo, fuimos a la Universidad Pablo Olavide, en Sevilla, y por primera vez participé en una charla en la universidad, junto a Rocío Medina. Desde que salió el cartel, comenzamos a recibir violencia de abolicionistas históricas, como Charo Luque y Soledad Granero.[51]

En los grupos de whatsapp en los que había compañeras de la AFUS (Asamblea Feminista Unitaria de Sevilla) comienzan a criticarnos y a tildarnos de proxenetas por el simple hecho de realizar una charla. Por otro lado, desde la propia universidad, Lina Gálvez, que actualmente es eurodiputada y tiene como objetivo mover hilos para que la UE se declare abolicionista, comenzó a señalarnos y a exigir que se cancelara el evento. Dentro de la UPO se le unen más voces para evitar que hablásemos. Argumentaban que la prostitución no se debate, se combate.[52] El cartel salió unos quince o veinte días antes y desde entonces estuvieron ejerciendo violencia hacia mí de todas las formas posibles. Aquí fue cuando Antonia Ávalos, de Mujeres Supervivientes, dijo que, por más que ella se considerara abolicionista, jamás acallaría la voz de las compañeras. La violencia fue tan enorme que se puso a nuestro lado. Yo no sabía por dónde empezar. Dije a las asistentes: «Subíos a nuestros tacones, a ver si podéis sobrevivir». A pesar de todo, la charla salió adelante y, a partir de entonces, las abolicionistas de renombre comenzaron a tergiversar todo el discurso sobre la prostitución, pero también sobre la salud mental. Ellas, que nunca se habían preocupado de la situación en los clubs, de repente pasaron a no pensar en otra cosa.

Unos días después de las jornadas de la UPO, hubo una sentencia por una violación en manada a una compañera trabajadora sexual y convocamos un acto al que no vino ninguna. Las putas nunca les hemos preocupado, lo que les preocupaba era copar los espacios feministas, que es lo que el feminismo institucional ha intentado siempre. Que no se nos escuche ni se nos apoye, ni siquiera cuando denunciamos una sentencia en la que un juez afirma que no puede haber violación si ella es puta. Al fin y al cabo, para las abolicionistas la prostitución siempre es una violación. Así que ninguna de ellas alzó la voz. Al terminar de leer el manifiesto, Ariadna Riley estaba tan *encabroná* que dije: «Las putas no pedimos permiso para formar parte del movimiento feminista, pedimos paso».

---

51   Después de eso, he vuelto a ver su estilo muchas veces. Primero nos acusan de proxenetismo, después de ser violentas y finalmente de romper la lucha. Todo son excusas para que no se escuche a la putas, porque cuando las putas hablamos se rompen los clichés.

52   Isabel Morillo (2018): «Polémica jornada a favor de la prostitución impulsada por una líder de Podemos», en *El Confidencial*, 8 de mayo, disponible en https://www.elconfidencial.com/espana/andalucia/2018-05-08/jornada-prostitucion-universidad-sevilla-impulsada-lider-podemos_1561025/

La violencia que sufrimos las trabajadoras sexuales por parte del movimiento aboli- cionista era enorme, especialmente en los espacios que se supone que «no nos pertenecen», como los institucionales. Después no solo no ha disminuido, sino que se ha incrementado.[53] La situación de violencia que viví en la UPO se volvió a repetir en varias ocasiones dentro de la universidad, en algunas de ellas con escraches de abolicionistas jóvenes que tenían el objetivo de impedirnos entrar en las aulas. Hubo un llamamiento del movimiento abolicionista a impedirnos que realizáramos cualquier tipo de evento en el que las trabajadoras sexuales hablásemos. Yo no fui la única que lo sufría. En esta situación, diversas compañeras activistas y alianzas organizamos para el curso 2019/2020 una serie de charlas en las distintas universidades del Estado español bajo el título «Universidades sin censura».[54]

Muchas aliadas dentro de la academia nos abrieron sus espacios, pero es muy difícil que de ahí salgan juntiñas con posibilidades de trazar una estrategia. A veces nos resulta difícil entender para qué nos sirven sus teorías y sus espacios. Una vez lo expliqué así en una universidad: «Miren, yo no tengo ni puta idea de *pa* qué nos sirve *to* esto, pero en el momento que sea útil yo se lo digo».

---

53   Sin ánimo de ser exhaustiva, es importante reseñar algunos episodios de esa violencia contra las trabajadoras sexuales por parte de cierto sector autodenominado abolicionista de la prostitución, incluido un sector del feminismo ilustrado académico. Desde tales posiciones se activó una campaña mediática en la prensa y en redes que logró, bajo el *hashtag* #UniversidadSinProstitucion, suspender unas jornadas sobre trabajo sexual en A Coruña. Se recogieron firmas en *change.org* y tuvo notoriedad en prensa; por ejemplo, Pilar Álvarez (2019): «El debate feminista sobre la prostitución estalla en la universidad», en *El País*, 17 de octubre, disponible en https://elpais.com/sociedad/2019/10/17/actualidad/1571337601_065207.html

El manifiesto «Por el derecho a debatir en la universidad y en todas partes» no logró que se celebrasen las jornadas, pero supuso un impulso a la campaña #UniversidadSinCensura (https://libertadenlauniversidad. wordpress.com/). Véase también el manifiesto «¡¡¡Feministas!!! Luchemos por el feminismo que nos une: el que combate la violencia contra todas las mujeres. No dejemos de lado a las mujeres que ejercen la prostitución, especialmente estigmatizadas y discriminadas», en https://universidadsincensura.blogspot. com/2019/12/feministas-luchemos-por-el-feminismo.html

La violencia continuó y la viví en carne propia con el intento de boicot de varias de mis charlas, en el propio marco de la #UniversidadSinCensura y también en charlas posteriores. Véase Andrea Oliver (2019): «Universidad ¿para quién? Las trabajadoras sexuales en el contexto académico», en *portaldeandalucia.org*, 4 de diciembre de 2019, disponible en https://portaldeandalucia.org/opinion/universidad-para-quien-las- trabajadoras-sexuales-en-el-contexto-academico/

54   Marta Borraz (2019): «20 universidades acogerán este curso debates sobre prostitución en una acción coordinada "para estimular el diálogo"», en *El Diario*, 17 de octubre, disponible en https://www.eldiario.es/ sociedad/universidades-publicas-acogeran-prostitucion-coordinada_1_1312274.html

LA PERSECUCIÓN LEGITIMA NUESTRA LUCHA

El 2 de junio de 2018, el día de las trabajadoras sexuales, a través de Acción en Red logramos que nos concediesen un centro cívico para un acto del colectivo. Cuando se hizo público, la delegada del ayuntamiento anunció en prensa que había movilizado todo el equipo jurídico para sacarnos de ese espacio. Querían usar las ordenanzas municipales para multarnos.[55] No se salieron con la suya y se entendió que el CPS iba a seguir dando por culo, porque organizamos unas jornadas maravillosas a las que vinieron muchos colectivos autoorganizados. Las abolas, que no esperaban que hubiera tanta juntiña, supieron que habíamos llenado todo con putas y aliadas.[56]

En ese momento comenzaba una nueva estrategia, porque habíamos entendido que no podíamos contar con Podemos ni autonómico ni estatal. Sabíamos que a Podemos no le podíamos pedir que se posicionara a nuestro lado ni que se definiera como proderechos, pero sí que no votaran aquello que lanzaban las abolas. El objetivo era que no les siguieran el juego.

A finales de agosto nos enteramos de que Podemos Andalucía estaba preparando su programa electoral. Antes de que saliera, les enviamos un comunicado en el que denunciábamos que no habíamos sido invitadas a la reunión. Eran las diez de la noche y media hora después ya nos preguntaron cómo nos habíamos enterado. Les respondí que no tenía por qué revelar mis fuentes y que el CPS tenía infiltradxs en todos lados. «Si no nos escucháis, entonces gritamos», les dije.

En septiembre de ese año me enteré de que estaba en marcha una reforma de la ley de igualdad que impondría multas de entre 300 y 60.000 euros a quien diera charlas que «incitaran a la prostitución». Era lo único que cambiaba de la ley: más multas para nosotras. Era brutal. IU dijo que votaría a favor para evidenciar la diferencia entre las verdaderas abolicionistas y las personas proderechos que había en Podemos. Esa era la guerra de IU, pero al final reculó, porque denunciamos que era anticonstitucional. En ese momento, Teresa Rodríguez se agarró a nuestras tetas y se apropió de nuestros discursos, pero a día de hoy ni ella ni nadie de su equipo se ha reunido con nosotras (ni como Podemos Andalucía ni como Adelante Andalucía, a pesar de que aprobaron en asamblea apoyar a las trabajadoras sexuales). Nosotras bautizamos este cambio de ley como la ley mordaza andaluza y lanzamos un comunicado en el que explicamos cómo nos afectaría.

---

55   Isabel Morillo (2018): «Andalucía prohíbe "actos culturales o artísticos que inciten a la prostitución"», en *El Confidencial*, 26 de septiembre, disponible en https://www.elconfidencial.com/espana/andalucia/2018-09-26/andalucia-prohibe-actos-culturales-prostitucion_1621589/

56   Aurora Báez Boza y Paula Álvarez (2018): «Las putas no piden permiso, piden paso», en *Pikara*, 9 de julio, disponible en https://www.pikaramagazine.com/2018/07/putas-jornadas-sevilla/

Juan Moreno Yagüe fue el primer parlamentario que nos recibió para apoyarnos. Era independiente y había sido abogado de dueños de clubs en Salamanca. En el transcurso de la reunión nos aconsejó que nos metiéramos como asociación mercantil, todas a una. Nos explicó que el Tribunal Supremo había reconocido que el trabajo sexual es trabajo y lo que necesitábamos era un epígrafe para nuestra actividad económica. Yo no sabía ni de qué estaba hablando, porque en ese momento lo único que nos preocupaba era no ser perseguidas. Nunca he olvidado esa conversación, porque nuestra lucha es por el reconocimiento de nuestros derechos laborales, entre muchos otros. La lucha por la despenalización del trabajo sexual la estamos poniendo sobre la mesa ahora de la mano de juristas como Carolina Martínez, coautora de un informe jurídico sobre la situación de las jornaleras en Huelva[57] y tutora de las investigadoras Lucía Fernández, trabajadora sexual, y Tamara González.

A partir de ahí todo se complicó. Por si acaso fuera verdad que nos iban a multar, nos las teníamos que ingeniar para dar charlas fuera de Andalucía que se grabaran en *streaming*. La violencia en redes iba en aumento. Yo estaba decidida a que no nos sacaran del 8M, pero para conseguirlo incluso tuve que dejar a mi hijo al cuidado de otra gente, porque no lo podía llevar a las asambleas de la violencia que estaba sufriendo en los espacios feministas.

Uno de los episodios más desagradables me sucedió en las Jornadas Patio Andaluz, en las que se constituiría Adelante Andalucía como proyecto político. Allí se votaban las líneas programáticas de la nueva coalición.[58] Para entonces, ya habíamos aprendido que no podíamos proponer enmiendas desde nuestros correos electrónicos, porque cuando veían que eran de un colectivo de putas hacían como que no lo habían recibido. Rocío Medina había propuesto que el programa electoral apoyara a las trabajadoras sexuales. A pesar de que ni siquiera pedía que se reconociera el trabajo sexual, no la tuvieron en cuenta. Así que decidí presentarme en el Patio Andaluz donde se votaban las enmiendas, así fuera a gatas. Allí tuve que escuchar a las abolicionistas del Partido Feminista con ese discurso que siempre se reduce a «son trozos de carne, agujeros con patas, la fregona de los machos, están violadas y alienadas». Recuerdo que me dejaron literalmente arrinconada entre mesas y sillas y que una feminista de Podemos me zarandeó con violencia; otra de IU simplemente me ignoró. Esas jornadas supusieron para mí mucho dolor. Aguanté el chaparrón vomitando y sudando como una mula. Ganamos esa batalla por solo un voto, pero eso no es ganar, porque solo es resistir sin poder avanzar, aun teniendo las herramientas para ello.

---

57 Este informe, titulado *La situación de las jornaleras en los campos de fresa de Huelva,* fue resultado de la Brigada de Observación Feminista organizada por Jornaleras de Huelva en Lucha con la colaboración de La Laboratoria y el Museo Reina Sofía. Este trabajo sigue, porque, además de la despenalización, nuestra lucha busca que el trabajo sexual sea considerado trabajo.

58 «Adelante Andalucía aprueba su programa de gobierno para "ganar las próximas elecciones"», en *europapress.es,* 6 de octubre de 2018, disponible en https://www.europapress.es/andalucia/noticia-adelante-andalucia-aprueba-programa-gobierno-ganar-proximas-elecciones-20181006182126.html

Un tiempo después, Adelante Andalucía se definió como proderechos. Ya no formaban parte de Podemos. Ahora, al final de ese recorrido, veo todo lo que podíamos haber hecho y no se logró. Me duele, porque hago números y pienso en las 1.200 multas en Málaga en aplicación de las ordenanzas municipales y las que se han puesto en marcha desde entonces, pienso en las muchas mujeres que no han podido regularizarse y las que no han conseguido su tarjeta sanitaria. Y pienso que de poco sirve tanta pelea de egos y tanto politiqueo. No es de recibo, por ejemplo, que todavía tengamos que pelearnos el apoyo de Adelante Andalucía a nivel local cuando a nivel autonómico ya ha quedado claro el apoyo a la lucha puteril.

En medio de esa violencia que no cesaba, la vida comenzó a golpearme muy fuerte. Primero se me murió Mané. Trabajaba con temas de impresión y no nos cobraba su trabajo. Nos sacaba camisetas y chapas, nos ayudaba a pagar desplazamientos para que viniera gente a los eventos y así hicimos la lucha. Siempre estuvo a nuestro lado cuando más lo necesitábamos. Poco después, a mi marido, Rafa, le detectaron un cáncer. Mi activismo no se detuvo. Él me dijo un día: «Mientras yo siga en pie, tú a lo único que te vas a dedicar es al activismo». Eso hice hasta el día que se fue. Estuve en unas jornadas en Villaverde (Madrid) con la CGT y, unas horas después de volver a Sevilla, Rafa murió. El sepelio, mi supervivencia y la de mi hijo se cubrieron con donaciones de putas y aliadas, que organizaron eventos. También perdí a mi gran aliada y amiga, la única persona que sabía ponerme los puntos sobre las íes, de la que tanto aprendí en todos esos años: Consuelo.

A partir de ahí, la historia fue muy dura. Teníamos la posibilidad de presentar enmiendas como cualquier colectivo, pero no se nos informaba de los procesos políticos. Aprendí que sin información no hay derechos. No puedes solicitar la tarjeta sanitaria si no sabes que tienes derecho a ella. Si es una migaja asistencialista que te dan ciertas entidades, las otras no te van a informar de que te hace falta. No te derivan, de modo que no la consigues. Si, como colectivo que pelea para que cambien las políticas públicas, no sabes cuáles son los procesos, entonces te tutelan. Eso es lo que hicieron con nosotras: hubo quien se engrandeció con nuestra lucha, se agarró de nuestras tetas y nos tiró a la basura cuando ya no le servíamos.

Modelos jurídicos

	Reglamentarismo	Abolicionismo	Prohibicionismo

FOCO DE ENFERMEDADES

VÍCTIMA DE EXPLOTACIÓN

DELINCUENTE

IDEOLOGÍAS

Reglamentarismo: "**Mal necesario** para mantener el orden social

Abolicionismo: "La prostitución es **violencia** contra las mujeres

Prohibicionismo: "**Actividad inmoral, pecado o amenaza** contra los DDHH

OBJETIVOS

Reglamentarismo: Favorecer la salud y el orden público

Abolicionismo: Erradicar la prostitución

Prohibicionismo: Erradicar la prostitución

MEDIDAS

Reglamentarismo:
Policiales: vigilancia y registro de prostitutas.
Médicas: exámenes ginecológicos obligatorios.
Urbanísticas: zonificación del ejercicio.

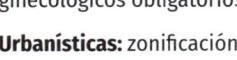

Abolicionismo:
Tolera la actividad de quien se prostituye, mientras **penaliza a las terceras partes** que se lucran (proxenetas y rufianes).

Prohibicionismo:
Penalización de todos los actores: prostitutas, clientes, intermediarios y proxenetas.

RESULTADOS

Reglamentarismo:
Abusos y represión policial.

Abolicionismo:
Criminalización indirecta, incremento del estigma

Prohibicionismo:
Mayor tasa de **encarcelamiento femenino**.

Reglamentarismo:
La violencia de clientes y empleadores **queda impune**.

Abolicionismo:
Clandestinización del ejercicio.

Prohibicionismo:
Mayor clandestinidad, exposición a la violencia e incremento del estigma.

Reglamentarismo:
Consolidación legal e incremento del estigma: la prostitución como única responsable de la transmisión de enfermedades de transmisión sexual.

Abolicionismo:
Se encausa a sus parejas y familias por **proxenetismo**.

Prohibicionismo:
Redadas, abusos y detenciones. No pueden acceder a la justicia.

Abolicionismo:
Vetado el acceso a derechos laborales, sociales y civiles.

Prohibicionismo:
Aumenta la exposición a ETS y VIH: los preservativos se consideran pruebas y se disuade de su uso.

DÓNDE

Reglamentarismo: Viene de la tradición de la Inglaterra puritana

Abolicionismo: España

Prohibicionismo: Estados Unidos (salvo Nevada) y Oriente Medio

Regulacionismo	Neoabolicionismo	Despenalización	
TRABAJADORA SEXUAL La " prostitución es **trabajo**	" La prostitución es **violencia de género** **VÍCTIMA**	" La prostitución es **trabajo** **TRABAJADORA DEL SEXO**	**IDEOLOGÍAS**
Acceder a los beneficios de la industria, combatir el fraude, favorecer la salud y el orden público	Erradicar la prostitución	Mejorar las condiciones laborales, sociales y civiles de las trabajadoras del sexo	**OBJETIVOS**
Regulación específica y política tributaria especial. Estado, empleadores y regiones fijan las condiciones legales.	**Amplía la criminalización** sancionando también a la clientela mediante multas y penas de cárcel. 	**Despenalización de todo su universo** (salvo la trata y la prostitución de menores), para pasar a regirse **bajo la ley ordinaria de trabajo**. Aspectos regulados (cuenta ajena) diseñados y evaluados por el **colectivo de trabajadoras**.	**MEDIDAS**
Sistema a dos niveles: legal para quienes se registren, ilegal para quienes no (migrantes). 	**Criminalización indirecta:** deportaciones, desalojos y desahucios, retirada de custodias y redadas invasivas.	**Mejor relación con la policía**, acceso a la salud y a la justicia. 	**RESULTADOS**
Los empresarios se limitan al alquiler del espacio **sin asumir responsabilidades**.	Reduce el ejercicio visible callejero para **desplazarlo a espacios cerrados clandestinos**. 	**No ha incrementado** la trata ni la prostitución.	
Zonificación del ejercicio y registro de prostitutas.	**Incrementa el estigma** y la mentalidad prohibicionista en la población.	**Acceso a derechos laborales, sociales y civiles**, pero excluye a las migrantes sin permiso de residencia permanente.	
A menudo establecen la **obligatoriedad de los exámenes médicos**.	**Medidas sociales** para el abandono.	**Ni se registra ni se zonifica** y los exámenes médicos son un derecho y no una obligación.	
Holanda, Alemania, Suiza, Uruguay	Suecia, Noruega, Irlanda	Nueva Zelanda	**DÓNDE**

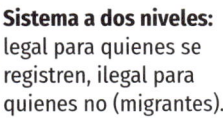

Fuente: Paula Sánchez Perera, *Crítica de la razón puta*, La Oveja Roja.

NOTA 7. LA DESCONOCIDA HISTORIA DE LA PROSTITUCIÓN EN ESPAÑA

Parafraseando a Georgina Orellano, se podría decir que en los últimos años el debate sobre la prostitución en España se ha convertido en el Madrid-Barça del feminismo.[59] El enconamiento de las posturas en torno al regulacionismo y el abolicionismo ha envenenado la discusión en detrimento de los derechos de las trabajadoras sexuales. Se consideran posturas antagónicas, pero son más parecidas de lo que aparentan. Ambas comparten una mirada estigmatizadora de la prostitución, muy conveniente si se trata de llenarse los bolsillos a base de pan de coño.

Algunas fuentes describen que la prostitución ya era un lucrativo negocio —controlado y regulado por el Estado en beneficio de los poderosos— en época de los Reyes Católicos.[60] Según Milagros León, «la mancebía, esto es, en la prostitución consentida y regulada por la sociedad y poderes del momento [fue], un sistema que nació en los reinos peninsulares hispánicos para difundirse con rapidez por todos los rincones de la Europa occidental»[61]. Y es que hasta la Real Provisión de Felipe IV de 1623 la prostitución era un negocio legal en Castilla y la prostituta, pese a la censura moralista, podía ejercer legítimamente dicho oficio. A partir de esa fecha, la mujer dedicada a ofrecer sus servicios sexuales no solo era una libertina, sino también una delincuente.

Durante los siglos XVII y XVIII, predominaron las legislaciones prohibicionistas. La prohibición de la prostitución forma parte del proceso de represión a las mujeres que tiene lugar en el inicio del capitalismo y la formación del Estado moderno, en paralelo con su expulsión de los gremios, las universidades y la limitación de sus movimientos (vivir solas, salir solas a la calle), y también con la gran caza de brujas del siglo XVII, tal y como ha estudiado Silvia Federici.[62] Se ahogan todas las posibilidades de autonomía económica de las mujeres para someterlas mejor a su nuevo papel confinado a los trabajos reproductivos. El control de sus cuerpos y su sexualidad se convierte en un asunto de Estado y de la Iglesia, tanto de la Reforma como de la Contrarreforma católica, ya que ambas imponen y modulan familias fuertemente jerarquizadas.

---

59 Georgina Orellano, como es argentina, dice River-Boca. Véase G. Orellano, *Puta feminista*, ob. cit.

60 Francisco Navarro (2023): «La historia de los prostíbulos públicos en Castilla y Aragón durante la época de los Reyes Católicos», en *Muy Interesante*, 16 de junio, disponible en https://www.muyinteresante.es/historia/60718.html

61 Milagros León (2022): «Pecados de par en par, ya se acabaron contigo. El principio del fin de las mancebías castellanas en el siglo XVII: Una aproximación desde la actuación jesuítica en Antequera (1610-1623)», en *Arenal*, vol. 29, núm. 1.

62 Véase Silvia Federici (2010): *Calibán y la bruja*, Madrid: Traficantes de Sueños.

A partir de mediados del siglo XIX, la legislación será explícitamente reglamenta-rista, lo cual se justificará con que la prostitución es «un mal social inevitable» en aras del «bien común», es decir, que sería peor que los machos no tuvieran siempre cuerpos disponibles para desfogarse. El abolicionismo de la prostitución nace en el seno del feminismo inglés y propone que se prohíba la prostitución al tiempo que se promueve la integración de las prostitutas en el mercado laboral. En España, ese enfoque fue incorporado a la legislación en 1935, durante la Segunda República.

Todo lo relativo a la prostitución y, por supuesto, las diversas formas en que el Estado ha querido prohibir, regular o controlar el trabajo sexual han sido objeto de tergiversaciones y ocultaciones. Así ocurre también con la mirada sesgada de los historiadores, como demuestra el trabajo de la profesora Isabel Escobedo. «Cual-quiera que quiera acercarse al estudio de la prostitución deberá abstraerse de los prejuicios y estereotipos que rodean a las prostitutas; deberá dejar de verlas como mujeres víctimas y esclavas, y pasar a observarlas como sujetos con agencia».[63] Eso no parecería que esté cerca de suceder cuando incluso dentro de los espacios feministas proderechos abundan las salvadoras de buenas víctimas. Pero seguire-mos en la lucha para que se vea a las trabajadoras sexuales como lo que son: una parte ineludible del feminismo y de la clase obrera. A través de la regulación del trabajo sexual, se regula las sexualidad de todas las mujeres.

---

63 Isabel Escobedo Muguerza (2019): «Los historiadores y la prostitución. Un balance historiográfico relativo a la etapa contemporánea», en *Revista Historia Autónoma*, núm. 15, pp. 155-170.

LA ÉLITE DE LAS BASES NO NOS DEJA AVANZAR

Estaba habituada a la violencia abolicionista, pero a la de las aliadas me tuve que acostumbrar un poco más tarde. En 2019 me invitaron a unas jornadas de feminismo crítico antipunitivo. Aunque supuestamente era un «espacio amigo», se trataba de un ambiente bastante hostil. Lo di todo en mi intervención, pero al salir me derrumbé entera. Allí me di cuenta de que alianzas históricas también estaban intentando arrebatarnos nuestros saberes y dirigirnos, pero desde una postura más *bienqueda*.

En esas jornadas nos encontramos de bruces con un feminismo aliado que no acababa de entender que los márgenes son el centro de la lucha. Antipunitivistas son las que son perseguidas por el acoso policial y la violencia institucional; sin las que sufren ese estigma y la violencia, no estamos todes. No hay nada interseccional sin visualizar la lucha de las racializadas, sin el feminismo de barrio, el rural, sin las pobres, las chonis, las poligoneras. Si no hay herramientas para mejorar su vida, no tiene sentido que nos pidan que canalicemos nuestra rabia con policía del tono, cuando sus privilegios no les dejan ver las heridas que colgamos. Las «universidades sin censura» fueron clave para comenzar a comprender que no vale solo con empatía.

Un aprendizaje clave es que los egos destrozan los colectivos: nos cargamos la lucha desde el momento en que nos creemos más que la otra. Lo lamentable es que hemos tenido que pujar políticamente no para avanzar, sino para echar atrás lo que iban lanzando las abolicionistas. Algunas que se dicen aliadas nos han usurpado nuestra lucha, nos han quitado nuestros símbolos, al igual que años más tarde han hecho machirulos de la patronal como Stop Abolición. Después aprendí que eso se llama extractivismo. Yo no quiero robarle las herramientas a nadie, me gustaría que las pusieran a nuestra disposición.

TIEMPOS DE PANDEMIA Y ALIANZAS REVUELTAS

En esas andábamos cuando llegó la pandemia, que las trabajadoras sexuales, como otros colectivos marginalizados, sufrimos especialmente. La industria del rescate dejó abandonadas a las putas, por lo que el CPS y otros colectivos de trabajadoras sexuales tuvimos que hacer labores asistencialistas. Las ONG deberían haber puesto el cuerpo por los colectivos marginalizados de la sociedad, deberían haber estado a la altura por la cantidad de años que llevan comiendo pan de coño. Tampoco funcionaron las políticas que se han gestionado en nuestro nombre, ya que no tuvimos recursos: ni hospedaje, ni ingreso mínimo, ni ayudas que requerían el empadronamiento. Para nosotras, ningún «escudo de protección» frente a la pandemia. Tampoco vimos a las abolicionistas preocuparse por el destino de las compañeras trabajadoras sexuales durante el confinamiento. La pandemia visibilizó lo que desde hacía años denunciaban diferentes colectivos. Aquí es cuando empezamos a okupar la teoría.

Al CPS llegaban peticiones de ayuda de trabajadoras sexuales de todo el Estado español que no tenían ni para comer. Para abastecerlas, sacamos algo que hemos aprendido a base de hostias, de la autogestión y de la red. El dinero que nos había llegado al colectivo a través de la Red Umbrella y otras entidades que habían cerrado antes de la pandemia y habían repartido sus cajas de resistencia con proyectos afines lo gastamos en gestionar bolsas de la compra para que las compañeras recibieran alimentos y demás productos básicos. También fue indispensable articularnos con las entidades y colectivos que estaban en cada territorio. No servía de nada llenar las cestas de la compra si no lo podíamos sostener en el tiempo. Así que intentamos que las alianzas de la zona se acercasen a las compañeras y que así se pudieran gestionar colectivamente los recursos básicos durante toda la pandemia. Eso lo hicimos en diferentes territorios: Zaragoza, Cáceres, Cádiz, Conil, Málaga, Valladolid…

Casi da vergüenza decirlo, pero creo que la pandemia ha ayudado a que diferentes colectivos entendiéramos la semejanza de las violencias que sufrimos. Ha facilitado que hagamos juntiñas y que veamos cómo se atraviesa la ley de extranjería. Es una lucha sobre todo de Regularización Ya, que se creó poco antes de la pandemia y ha sido el único colectivo que nos ha abierto la puerta a las putas sin pensar si les restamos apoyos. Las voces de las putas dentro de Regularización Ya han hecho visibles muchas consecuencias de la ley de extranjería.

Sin embargo, cuando terminó el confinamiento la situación no era mejor que antes. En medio de un confuso panorama de alianzas, con el feminismo institucional a la gresca, a las trans y a las putas nos comenzaron a llover hostias por todos los lados. Así que intentamos hacer juntiña. Pero muchas de las que lideran los movimientos feministas saben que juntarse con las putas y las trans les perjudica, si lo que quieren es vivir de esto. Nosotras habíamos apoyado a las izquierdas aunque no estuvieran con nosotras, porque lo que había enfrente era el trifachito, que en Andalucía ya conocíamos bien. Una tiene que ser compañera echándose al *lao* para que las demás avancen y no señalando a las que sí avanzan. Porque, si no, ninguna avanza. Pero del otro lado hemos visto que, más bien, se obcecan en algunas cosas, en cuestiones pequeñas. Una vez en el Patio Andaluz, ante los Anticapitalistas, presenté el mismo texto que en otra ocasión ya había presentado Rocío Medina. Simplemente cambié el orden de los puntos, le di un tono más choni y barriobajero, menos institucional, y puse «prostitución» en vez de «trabajo sexual». Pero las peticiones eran las mismas. Pues bien, este sí que les gustó. Pero ¡si era el mismo texto! Las hay que, en cuanto ven «trabajo sexual», les tiembla el coño y no ven más *na*. Ni siquiera lo leen ni intentan averiguar qué se puede hacer. Y esas mismas a veces son las que se reúnen con los colectivos solo para ver si dicen algo que no habían contemplado ellas, pero para robarles el discurso, no porque tengan intención de llevarlo *p'alante*.

Las trabajadoras sexuales nos organizamos para defendernos ante el primer borrador de la ley del solo sí es sí,[64] ya que incluía la tercería locativa[65] y el proxenetismo no coactivo.[66] Una ley franquista que tenía como objetivo perseguir a las trabajadoras sexuales y a quien les alquilase un piso. Durante todo 2021 y parte de 2022, putas y pilinguis hicimos una campaña de difusión para informar sobre el recorte de derechos que esto supondría para las compañeras con el lema «Derecho a la escucha»[67] y el manifiesto «Escuchar para legislar».[68]

Gracias a la presión por parte del movimiento y a las disputas partidistas internas, la ley salió sin esas dos figuras. Supuso un gran aprendizaje, a base de hostias, y nos ha mantenido alerta ante nuevas leyes de carácter abolicionista que podrían llegar. Aun así, no conseguimos librarnos de la persecución a los anuncios de las compañeras, que está teniendo consecuencias negativas y hace la vida imposible a muchas trabajadoras sexuales.

Para mí fue un gran ejemplo de cómo unirnos y trabajar en comunidad desde distintos saberes para alcanzar un objetivo. Las académicas nos ayudaron a las trabajadoras sexuales a entender cómo nos afectaba la ley. Nos dieron formaciones para que fuéramos conscientes de la que se nos venía encima a través del derecho penal y de que nos iban a perseguir, así podríamos actuar en consecuencia a la hora de hablarlo con

---

64 Liga Feministas Proderechos (2018): «La ley del "solo sí es sí" según las organizaciones de trabajadoras sexuales», en *El Salto*, 18 de diciembre, disponible en https://www.elsaltodiario.com/palabras-en-movimiento/la-ley-del-solo-si-es-si-segun-organizaciones-de-trabajadoras-sexuales

65 Noemí López Trujillo (2022): «Qué es la tercería locativa: castigo penal a los propietarios de locales dedicados a la prostitución», en *Newtral*, 20 de mayo, disponible en https://www.newtral.es/que-es-terceria-locativa-castigo-penal-prostitucion/20220520/

66 La propuesta de modificación del artículo 187 bis del Código Penal penalizaba la tercería locativa (despenalizada desde 1995) con hasta tres años de cárcel para «quien con ánimo de lucro, y de manera habitual, destine un inmueble a favorecer la explotación de la prostitución de otra persona aun con su consentimiento», así que abría la puerta a criminalizar a las mujeres que alquilan o comparten inmuebles con compañeras; también se dificultaba el acceso a la vivienda de las trabajadoras sexuales, especialmente a quienes viven en el lugar de trabajo, por el temor de las personas propietarias a ser acusadas de proxenetas. La propuesta de modificación del artículo 187.2 abría la posibilidad de encarcelar a las mujeres vinculadas al entorno del trabajo sexual, al considerar proxeneta a quien «se lucra explotando la prostitución de otra persona aun con el consentimiento de la misma» y proponía una ampliación del concepto de «explotación» a «cuando exista aprovechamiento de una relación de dependencia o subordinación». De esta manera podían ser denunciadas las trabajadoras autoorganizadas que comparten un piso si se considerara que existe dependencia o subordinación cuando alguna de ellas, por ejemplo, es inmigrante y carece de documentación. También se podía denunciar como proxeneta a cualquier persona implicada en la realización del trabajo sexual (servicios de seguridad, higiene, transporte, etcétera). Aunque el anteproyecto afirmaba que pretendía poner en el centro el consentimiento de las mujeres, se anulaba y criminalizaba el consentimiento de las trabajadoras sexuales.

67 «Mujeres pobres, racializadas, migrantes y gran cantidad de disidencias han señalado la falta de escucha por parte de ciertos sectores del feminismo […]. Creemos que es importante crear lugares de encuentro para romper con el silenciamiento de unas hacia otras. No podemos usar esa herramienta histórica que ha servido para docilizar los cuerpos de las mujeres. Buscamos promover la escucha activa en espacios fluidos y abiertos donde se rompa con las dinámicas opresivas y discriminatorias que se dan incluso dentro del feminismo. Reivindicamos el derecho a la escucha de todas las mujeres» (Derecho a la Escucha: «Romper el silencio y escuchar la palabra», en *Pikara*, 29 de diciembre de 2021, https://www.pikaramagazine.com/2021/12/romper-el-silencio-y-escuchar-la-palabra/).

68 Se puede leer en https://feministasproderechos.org/esp/home/

otras compañeras y con los medios de comunicación. Nos centramos en la vulneración de los derechos humanos, que es la base del discurso proderechos. Todas las alianzas que hicimos fueron con el objetivo de que se respetaran los derechos humanos. Con un argumentario común, conseguimos que partidos políticos no afines al reconocimiento de los derechos de las putas pero sí con cierto discurso a favor de los derechos humanos eliminaran los artículos más dañinos.

Hasta el día de hoy, en España solamente Anticapitalistas, la CUP y Adelante Andalucía están al lado de las putas. Pero también conseguimos que el PNV presentara enmiendas que tenían que ver con la ley de extranjería. Con Podemos en Común, la estrategia fue subrayar cómo la tercería locativa nos iba a llevar presas. Sumamos alianzas y conseguimos que esto no fuese solo una cuestión de las putas, sino también de otros colectivos. Así, al poder atravesarnos, pudimos armar mucho ruido. A lo largo del camino y la juntiña que hicimos, trazamos estrategias para que los partidos nos escucharan y se presentaran enmiendas sin romper los principios políticos que tenía cada uno, que estaban posicionados de tal manera que no lo iban a cambiar, pero sí se podían permitir eliminar ciertos aspectos de la ley que para nosotras eran clave, porque aumentaban la persecución de nuestras compañeras y aliadas.

LO QUE APRENDÍ POR EL CAMINO FUERON MIS PRINCIPIOS, MIS VALORES Y MI ÉTICA

En este capítulo he tratado de explicar la violencia que el movimiento abolicionista ha desplegado contra nosotras. Cómo se apropiaron de nuestros discursos y se adueñaron de lo que fuimos. Gente como Amelia Tiganos, que no hablaba de clubs, ni de multas ni de violencia institucional: solo de macho violador y putero, de agujeros y trozos de carne. Y cómo cambió el discurso cuando empezamos a alzar la voz. La plataforma abolicionista se nutre de los sentires que compartimos en nuestras redes sociales para manipular. La hemeroteca está ahí y es fácil de comprobar: qué es lo que antes se visibilizaba y qué se está visibilizando ahora. Porque se está mercadeando, cuando a esas señoras nunca les ha importado la situación de las putas, nunca han sido compañeras. Yo sigo caminando con la misma gente: la que me apoyó cuando empecé en la APDHA y cuando montamos el CPS, las que me marcan el paso *pa* que baje el nivel y se me entienda cuando hace falta. Y aún hay quien me echa en cara que fuera víctima y ahora sea esto. Lo que pasa es que una cosa es ser puta con estigma y otra es puta orgullosa. Pero el centro es el mismo. Decir en voz alta que eres puta es un acto político. Ahí comienzas algo con las compañeras, putas y pilinguis, y ahí se empieza a armar algo más político. También he cometido errores. Era muy dura con las mías. He tenido que revisar eso y tuve que pedir perdón.

Aprendí, ante todo, que las disidencias nunca se pueden quedar detrás: hay que facilitarles un altavoz. No podemos silenciar a las que están viniendo ahora, ya sean *queer*, putas, jornaleras, lo que sea. Las disidencias siempre hay que escucharlas, porque cuando surgen es por algo y es lo próximo que vamos a oír. Si hay mujeres que están hablando de algunas mujeres que están conformando una élite de las bases, es porque algo pasa. Si se quejan de un colectivo porque son silenciadas, seguramente es que también pasa algo. Los colectivos que estamos en lucha no nos podemos agarrar a un representante ni a una línea política, porque ninguno nos va a sacar del hambre, ni a nosotras ni a las de abajo, se llame como se llame. Posicionarnos a favor de un partido político lo que hace es expulsar compañeras y montar una dictadura, porque no pueden llegar compañeras por fuera de esa línea. A mí me da igual quién fue Durruti y qué dicen la teoría republicana, anarquista o comunista, porque todas esas teorías han dado la espalda a las putas. Tanta discusión teórica y no alcanza para discutir cuál es la situación material de la gente y qué represión tenemos. O se ponen a justificar el pasado sin poner los ojos en el presente. Y los sindicatos, partidos y muchos colectivos siguen sin tener representación alguna de lxs de abajo. ¡Y no lo ven! El problema es que los colectivos solo hablan de lo que hacen bien y no cuentan lo que está mal gestionado. Se muestran las virtudes y se ocultan las disidencias. Si no incluimos a las que no piensan como nosotras, estamos cayendo en lo mismo. Hay mecanismos que son perversos, porque son formas sutiles de cambiar la forma para que perviva la fórmula.

V. DESENREDAR PARA PODER TEJER EN COMUNIDAD

Nuestra lucha es social, sindical, feminista y política. En la lucha política, los principios éticos y los valores ocupan un lugar central. Es básico que cualquier organización política parta del respeto a unos principios y para nosotras es central pensar en los valores del sindicalismo, porque, polémicas aparte, trabajo sexual es trabajo y, aunque nuestra lucha sea por la despenalización, el objetivo es conquistar derechos laborales. Para ello necesitamos herramientas sindicalistas. Necesitamos un sindicato o una alianza sindical. Desde el punto de vista sindical, no se puede funcionar como colectivo o asociación, que pueden tener unos intereses muy concretos y parciales, sino que hay que mirar con amplitud a toda la clase trabajadora.

Volviendo a la cuestión de los principios y valores, creo que tenemos que tomar esos principios que imperan hoy y darles la vuelta. Porque estamos atravesadas por el racismo, por el clasismo y, si le añades la cuestión de la persecución y el acoso, todo eso hace que el estigma se quede en el cuerpo y sea muy difícil sacudírselo.

La mayor parte del tejido asociativo está plagado de élites y de «blanquitud». Es cierto que los valores ya están cambiando, como se puede ver, por ejemplo, no solo en quienes nos han acompañado en nuestra lucha histórica (colectivos como Hetaira, APDHA, Acción en Red, por ejemplo), donde nosotras marcamos el paso en las decisiones que nos atraviesan, sino también en otros procesos organizativos, como Regularización Ya o con la juntiña que la Coop57 sevillana, con gente como Ana Jiménez,[69] está haciendo con los colectivos africanos que se van a organizar en cooperativas.

En este caso, sí que se han puesto los colectivos en el centro. Ahora, sin embargo, nos sigue abriendo heridas que la izquierda política no trabaje en comunidad, sino en acompañamiento. Al final ese acompañamiento es lo mismo que hacen las entidades de la industria del rescate y la academia, volvernos sujetos de estudio, de uso y recaudatorio

69   Véase la Nota 8, pp. 98-99, en este mismo capítulo.

(porque recaudan por nuestro uso). No queremos volver a pasar por eso, la izquierda política debe comenzar a reconocer sus errores y que sus líneas rojas sean los saberes de los de abajo. No podemos cambiar las formas utilizando las mismas herramientas que el capitalismo y el patriarcado.

Esto es un paso adelante importante. Es cierto que empieza a haber luchas en las que se han podido tramar alianzas con asociaciones de blancxs que dicen que están con nosotrxs, pero también ha habido que dar la batalla desde dentro para que las de abajo seamos el centro, para que no terminemos siempre siendo el puntito pobre de la mesa redonda o el puntito de color en las manifestaciones, que tan bien queda para decir que «somos interseccionales».

Entre los valores y principios que guían nuestras luchas, hay uno que tiene que estar muy claro y es que los de abajo son el centro. Y para lograr esto hay que desenredar mucho. Nosotras queremos la despenalización, pero cada vez somos más multadas y acosadas. Si no se ponen en el centro las necesidades de quienes estamos recibiendo los palos, no hay manera de avanzar.

¿En qué principios se basa eso a lo que nos referimos cuando hablamos de antifascismo? Lo que yo he visto estos últimos años es que nos movilizamos y hacemos mucho ruido si un rapero va a la cárcel por cuestionar la monarquía. Eso está muy bien, pero es que al mismo tiempo permitimos que se acose, se encarcele, se expulse a los márgenes a miles de personas sin que se genere ningún ruido. ¿Qué es ser libertario, qué es ser anarquista, si no se intenta proteger a los colectivos más reprimidos y perseguidos por el Estado? ¿Dónde están aquí los principios anticarcelarios y antipoliciales? ¿Qué lugar ocupamos las putas en el debate de moda sobre punitivismo?

Si no caminamos hacia la despenalización de todos los colectivos que estamos orbitando en la misma línea, va a ser difícil sacudirnos el estigma. Si las alianzas no ponen a esos colectivos en el centro, no podemos tejer una alianza, porque se nos reabren las heridas cuando no caminan adonde nosotras. No podéis pedirnos que estemos en espacios en los que creéis que podemos estar, pero nosotras no sentimos que ahí seamos productivas. No tenemos una red de apoyos, una red de recursos o financiación como para tontear con espacios que no nos generan nada si ni siquiera tenemos para generar en lo nuestro.

Mientras no logremos darles la vuelta a esos principios, mientras las de abajo no estemos en el centro, tendremos que seguir formando nuestros propios colectivos. Últimamente se nos dice que no participamos en ciertos espacios. La verdad es que necesitamos canalizar las fuerzas que tenemos y hacemos juntiña con quienes vemos posible. Las jornaleras, las kellys, todas vamos haciendo nuestras propias luchas, porque también es necesario visibilizarlas para poder articularnos.

A LA TEORÍA LE FALTA CALLE Y A LA CALLE, TEORÍA. OKUPAR EL CONOCIMIENTO CON NUESTROS SABERES

Sigue muy presente la tensión que muchas sentimos porque los saberes de las de abajo no se hayan valorado. Esto se entrecruza con los sentires que no he tenido con este libro. Al comienzo creí que el hecho de que se le llamara «cuaderno» era otra forma de dar a entender que nuestras palabras tienen menos valor. Después me fui dando cuenta de que esto es más bien un libro de texto con dibujitos, como si fuera de 4º de la ESO, y que eso es bueno, porque se ve que sin cuadritos y dibujitos la gente no se entera cuando se trata de hablar de putas y de pobreza.

Para ser tan intelectuales y haber leído tanto, hay muchas que no se han enterado de nada y tal vez necesitan más cuadernos de gente como nosotras, como los libros de Territorio Doméstico y de Jornaleras de Huelva en Lucha realizados junto a La Laboratoria o como el libro de Helena Silvestre *Notas sobre el hambre,* que nos recuerda que, si no escribimos nuestras historias de vida, sin ellas la historia se blanquea y se manipula al antojo de quien la cuente. Como ocurre con el Día de la Hispanidad, en el que la manipulación llega al límite de llamar descubrimiento a una masacre, porque allí había gente y fuimos a robarles su tierra y su riqueza.

Falta todavía que muchas escribamos nuestra historia, desde abajo, y que otras muchas nos lean para que estos dolores vayan cediendo. A las putas, pero también a otros muchos colectivos, nos duele que nos hagan miles de entrevistas para que luego de eso salga un libro que no nos representa o un proyecto que nos ignora. A eso lo llaman extractivismo académico. Yo digo que cambian las formas, pero no las fórmulas, y cuando escriben sus tesis y sus libros sin tener en cuenta nuestros sentires y nuestras demandas, es otra forma de explotarnos y marginarnos. He participado en libros que sacan una larga entrevista mía, donde la autora se declara abolicionista proderechos, que al final no es más que una fórmula para ponerse de perfil, para intentar quedar bien con todo el mundo. Pero es que, si las que podrían ser nuestras aliadas se ponen de perfil, si prefieren silenciarnos antes que preguntarnos y acompañarnos, entonces a nosotras nos comen.

NOTA 8. COMPARTIR SABERES PARA TRANSFORMAR LA ECONOMÍA
Por Ana Jiménez

Durante la pandemia, tras haber estado comunicadas por las redes de apoyo mutuo en las que andábamos ambas, comencé a conectar y a intercambiar inquietudes, quejas y saberes con Marijose y otras trabajadoras sexuales. La llegada de Marijose a mi vida supuso recuperar sentido en el trabajo colectivo, comunitario. Estaba viviendo un momento de cierta desilusión por procesos vividos en algunos colectivos autónomos, pero formar parte del grupo motor de RAMUCA[70] provocó que mi comprensión sobre cómo compartir tiempo y saberes para el común virara hacia otro lado. En aquel momento yo no tenía muy claro hacia dónde debería virar, y reconozco que la llegada de Marijose a mi vida y todos sus planteamientos me han servido mucho, muchísimo, y me seguirán sirviendo todo el camino que me queda por recorrer.

Desde que nos conocimos hemos hablado de muchas cosas, pero quizás lo más importante en nuestra interacción ha sido la conciencia de que es necesario que las acciones sean útiles, que sirvan para algo. En otras palabras, hay que intentar no perder demasiada energía en procesos que no sirvan para mucho. De ahí que uno de nuestros hilos conductores sea *la economía social transformadora*.

Empezamos a vislumbrar la necesidad de trabajar juntas y con otras para que la manera en la que los grupos de personas consiguen el dinero que les permite adquirir los bienes y servicios necesarios para su vida dejen de depender de corporaciones motor del sistema capitalista —Florentino Pérez y sus colegas— o dependan de la ineficiente —valga el eufemismo— industria del rescate.

Hemos llegado a dos importantes convicciones que guían nuestro aprendizaje conjunto. Una es que podemos y debemos compartir nuestros saberes sin tutelajes, condescendencias ni paternalismo. La otra es que esos aprendizajes compartidos son *saberes de ida y vuelta* entre personas con diferentes trayectorias y realidades: desde hombres blancos de pueblo que, habiendo estudiado una carrera, forman cooperativas y creen en la necesidad de apoyar o colaborar con todo grupo que quiera ganarse las papas —de forma premeditada evito aquí la expresión «ganarse la vida»— a mujeres que vienen de otras partes del mundo y que, por mucho que también hayan estudiado en la universidad, sufren por su origen un constante intento de subordinación. Pasando por otras mujeres, también llegadas de fuera pero sin carrera universitaria, que portan saberes igual de importantes,

---

70   Agrupación de redes de apoyo mutuo surgida en Sevilla en el contexto de la pandemia de covid-19.

si no más, pero con aún menos oportunidades de ser tenidas en cuenta. Mujeres de barrio con carrera, de nacionalidad española y blancas de piel, que, aun sufriendo subordinaciones, nos tenemos que revisar la «blanquitud» y sus privilegios. Mujeres sin carrera, de pueblo, cuyos saberes por regla general no son tenidos en cuenta, aunque controlen mejor que nadie cómo comunicarse (en el sentido amplio) y cómo actuar con otras. Hombres en situación de pérdida de privilegios por su origen o color. Mujeres, de fuera o no, que sufren discriminación por su etnia. Y un largo etcétera de perfiles que nos hemos juntado en la RESTA (de momento se llama así: Red de Economía Social Transformadora), que tiene como objetivo posibilitar que esos saberes lleguen a quien sea necesario a fin de generar proyectos autogestionados que sean una base estable para obtener ingresos.

Nadie dijo que fuera fácil; lo que sí consideramos es que es algo esencial. Creemos que estamos trabajando en una vía totalmente necesaria, pero en el proceso nos queda mucho por hacer. Tenemos que reelaborar el lenguaje, problematizando conceptos como «acompañar», «asistir», etcétera. Debemos aprender a hablar todas las personas en un lenguaje común: lograr comunicarnos de una forma que nos entienda *todo kiski*. Poner en común, nivelados y sin jerarquías, todos los saberes que nos acompañan, porque es igual de importante saber qué impuestos hay que pagar y cómo darnos de alta en el registro de cooperativas que el conocimiento de la realidad sobre cómo funcionan los grupos diversos. Ser capaces de traducir las herramientas que tenemos para montar cooperativas, asociaciones o colectivos informales para generar salarios. Y otras muchas cosas que vamos aprendiendo en el camino o que vamos entendiendo que tenemos que aprender.

En el proceso, vamos integrando criterios en todas las decisiones que tomamos para generar esa «economía», criterios que atiendan a la sostenibilidad ecológica de los recursos, ecosistemas y todos los seres vivos del planeta de los que dependemos íntimamente; criterios que permitan igualdad de oportunidades y posibilidades independientemente de los ejes de dominación que nos atraviesen (clase, género, origen, preferencia sexual, capacidades físicas o cognitivas, etnia, estigmas, etcétera) y que además tengan en cuenta al resto de las personas con las que compartimos planeta desde un punto de vista de justicia global.

Ese camino estamos recorriendo: esperemos que sea largo y tenga paradas interesantes.

NO VINIMOS A ROMPER EL FEMINISMO NI LA LUCHA DE CLASES, PORQUE SOMOS CLASE OBRERA

Nosotras somos las que decimos qué es trabajo y qué no. Es decir, ser un histórico del sindicalismo o una referente de la lucha feminista en la dictadura no significa que ahora me tengan que representar esos mismos valores. Y, si estamos echándonos un pulso dentro por ver quiénes son los que mandan en el círculo, si nadie quiere que le quiten el reinado, entonces nos pasamos el tiempo debatiendo entre el bien y el mal. Entonces ya no debatimos ni tenemos un pensamiento crítico ni prestamos atención a lo que está sucediendo en las luchas, sino que nos enzarzamos en discusiones abstractas en las que la una increpa a la otra porque no está suficientemente informada sobre algo o porque no ha leído a fulanita. El riesgo entonces es basarnos en saberes desde una teoría que luego no se manifiesta en las necesidades reales que tenemos los colectivos.

Creo que dentro de la lucha sindical no podemos basarnos solo en cubrir a lxs trabajadorxs que ya tienen reconocidos todos sus derechos. Más bien al contrario: principalmente se trata de luchar por el reconocimiento de los derechos de todas y todos los trabajadores a quienes ahora no se les están reconociendo derechos por diferentes motivos. Uno de los motivos principales es la ley de extranjería: la jornalera o el jornalero indocumentado no tiene ningún derecho y tampoco ha contado con apoyo por parte de los sindicatos tradicionales. Han tenido que crear otro tipo de plataformas, como Jornaleras de Huelva en Lucha. El hecho es que las élites de las bases sindicales, desde su privilegio blanco, han contribuido a que nos olvidemos de que existen muchos trabajadores marginados y sin derechos. Y este olvido está muy metido dentro de nuestras bases sindicalistas. Otro factor es el racismo, incluyendo el antigitanismo. Con independencia de su origen nacional, hay una parte de la población a la que se le niega sistemáticamente sus derechos.

Pero luego están quienes nos acusan a las de abajo de romper el feminismo o de romper la lucha de clases. Nos ha pasado a las putas, les ha pasado a las Jornaleras de Huelva frente al SAT y nos ocurrió a nosotras en 2005 tras el acuerdo de CGT en apoyo a las putas en el Congreso de Málaga.[71] ¿De verdad somos nosotras, las de abajo, las que rompemos la lucha de clases?

Todos los sindicatos de base se denominan antifascistas, pero resulta que nosotras somos el colectivo más acosado, más multado y perseguido por parte de las fuerzas de seguridad y, sin embargo, el debate en pro y en contra de la prostitución hace que no se haya tenido en cuenta la represión y el hostigamiento policial que sufrimos. La polémica en la teoría ha silenciado que somos el colectivo con más multas por la ley mordaza, y

---

71 En aquel congreso se aprobó fomentar la sindicación de trabajadoras sexuales (Acuerdos XVI Congreso confederal, Málaga, junio de 2009, p. 120, disponible en https://cgt.es/wp-content/uploads/2025/05/2009-XVI-Congreso-Confederal-Malaga.pdf).

eso sin mencionar las ordenanzas municipales. El debate sobre prostitución sí o prostitución no está por encima de los palos que nosotras recibimos.

Un sindicato no puede decidir qué es trabajo y qué no: es el obrero el que dice lo que es trabajo, porque le da de comer. Lo que tiene que hacer un sindicato es ofrecer herramientas. No han tenido el valor de poner el cuerpo. Y es vergonzoso que tampoco lo hayan puesto por el acoso policial que sufrimos. Como por ejemplo en Málaga, donde las compañeras se enfrentan a multas que van desde 750 hasta 1.500 euros, según las ordenanzas municipales. Una realidad que criminaliza a las trabajadoras.

Ni los sindicatos ni la sociedad pueden venir a decidir o debatir si el trabajo sexual es trabajo. A estas alturas, no hay debate alguno al respecto. Nuestro trabajo existe, lo que no existen son nuestros derechos; sin embargo, el trabajo sexual representa el 0,35 % del PIB en el Estado español (INE, 2021); para esas cifras, sí existimos.

Es indignante que sindicatos que se autodenominan de base, antirracistas y anticapitalistas sigan cayendo en la trampa de poner en duda su existencia. Además, estas organizaciones juzgan e invisibilizan a todos los colectivos que nos salimos de su norma sobre cómo luchar, resistir y generar herramientas para las trabajadoras, como cuenta la compañera Ana Pinto sobre Jornaleras de Huelva en Lucha.[72]

EL CAMINO A LA DESPENALIZACIÓN NOS LLEVA A LA DIGNIDAD

Pero todavía hay quien dice que somos muy identitarias. Y de nuevo cambian las formas, pero no las fórmulas. Esa fórmula de ahora no nos lleva a sumar: no se dan ni cuenta de cómo se repite el ninguneo cuando nos explican con quién nos tenemos que juntar y con quiénes no. Conviene no olvidar que las personas que son referentes del colectivo no son el colectivo. En el trabajo organizativo transmitimos saberes a la gente, pero eso no significa que se vayan a organizar como queremos.

Apartamos a otras identidades cuando se olvida la teoría de la calle, sus saberes, o cuando hay quien se los apropia. Hay compañeras que están bien organizadas y tienen muchos saberes, pero no tienen calle; si solo contamos con la referencia de las compañeras politizadas, nos podemos perder los sentires de las compañeras de los clubs o no entender cómo se trabaja en la calle. Del mismo modo, si creamos luchas que tienen una marca política muy clara, podemos dejar fuera a muchas compañeras que no se sienten representadas por esas siglas. Entonces tal vez seremos más gente en la juntiña, pero sin la teoría de la calle. Con el movimiento *queer* tal vez se ve más fácil. Primero estaban las identidades lesbianas, trans y gay; ahora se abren diferentes identidades. Puede ocurrir que unas y otres no se identifiquen, no se atraviesen. Estos colectivos intentan cambiar las cosas desde dentro

---

72 Véase nota a pie de página 48, en p. 74.

con los saberes que tenemos de los espacios políticos de la izquierda y a veces la cosa se tensa; tal vez hay un compromiso político, pero no hay aceptación de estas identidades y entonces aparece de nuevo esa idea de que se está rompiendo la lucha de clases.

Y las identidades ¿en qué sentido caminan? Porque la juntiña que hacemos también crea identidades y esas son identidades políticas, sociales y sindicales. Mis principios y mi ética me impiden luchar al lado de un obrero facha o de una puta facha. Puedo luchar junto a un católico que quiera romper las estructuras de la Iglesia, puedo luchar codo con codo con un machirulo que no sabe lo que es feminismo pero tiene empatía antes que con un *comumacho* que impide que nuestra lucha feminista avance dentro de nuestros espacios de lucha. Tampoco puedo junto a un *feminilisto* reconstruido que utiliza el discurso feminista para seguir violentando a compañeras desde el buen rollo.

En mi caso, creo que no todas las formas de luchar son legítimas y que las herramientas que manejamos las tenemos que usar con valores, ética y principios. Hay procesos en los que me temo que la demanda de derechos está dando más beneficios a la patronal que a las propias trabajadoras sexuales. Creo que esto se debe, por un lado, a que todavía no sabemos diferenciar la lucha proderechos del regulacionismo, que sirve a los intereses de los empresarios. Y, por otro lado, a que no conocemos bien las herramientas del sindicalismo.

El desconocimiento que tenemos de lo que es el sindicalismo y las formas de organización poco horizontales pueden llevarnos a caminos poco fértiles, a pesar de la valía y las buenas intenciones de las compañeras que los emprendan. Todas hemos visto el postureo y el beneficio económico de grandes sindicatos como UGT o CCOO, que en la práctica acaban siguiéndole el juego a la patronal; lo mismo sentimos muchas compañeras respecto a quienes estuvieron en los inicios en la cúpula de OTRAS, una herramienta sindical en la que confío, así como en las compañeras de base. Es importante no acabar por caminos análogos y tener presente que la vía regulacionalista a quien beneficia es a los dueños de los clubs. Un sindicato, sea de putas o del sector que sea, siempre debe tener como objetivo luchar por los derechos de las trabajadoras y no desviarse de ahí. Con esto solo reclamo que sean los principios y valores los que guíen nuestra lucha política.

Para mí, ha llegado el momento de dejar claras nuestras alianzas y yo estoy del lado de las que apostamos por una lucha de saberes colectivos y queremos trabajar en comunidad. Lo que estamos intentando es cambiar las políticas públicas. La calle necesita teoría para cambiar las políticas públicas que nos atraviesan. Pero, si no hemos cambiado los principios éticos ni los valores, seguimos infravalorando el papel de algunas frente a quienes tienen el privilegio de la teoría, porque el protagonismo político se les otorga a quienes están en las grandes ciudades y no en las periferias.

Por otro lado, si nos manifestamos contra la violencia institucional, que nos acarrea diferentes dolores según el colectivo, pero no hacemos juntiña para sanar esas heridas, eso hace que nos separemos en identidades.

NOTA 9. LA HISTORIA QUE NO NOS CONTARON DE LAS «MALAS MUJERES»

No es casualidad que, hasta el día de hoy, la palabra «puta» se utilice como insulto cuando una mujer habla alto, tiene modales que se suponen masculinos, decide desobedecer los mandatos de género, ir a su aire o tener una sexualidad libre. Las «almas salvajes», que diría María Jiménez, hemos sido calificadas como putas desde hace siglos. Y durante siglos, si no milenios, ser poderosa o hacer ostentación de talento artístico o sabiduría era, también, sinónimo de ser mala mujer y, por tanto, puta.

Cuando echamos la vista atrás y tratamos de trazar la historia de estas malas mujeres, nos encontramos con que fueron borradas de la historia o, como mínimo, su figura aparece rodeada de gran confusión. Las malas mujeres anónimas nunca dejaron de serlo; las que llegaron a codearse con los poderosos a veces lograron que su nombre perviviera, pero muchas veces aparecen relegadas a la condición de amantes de algún gran hombre y esa misma condición se confunde con la de prostituta.

Empezando por María Magdalena, que tal vez fue prostituta arrepentida, tal vez una mujer de alta cuna que decidió seguir a Jesús despojándose de sus propiedades o tal vez fue la más aplicada de los apóstoles, hasta que alguien decidió —no fue Jesús— que la Iglesia debía ser cosa de hombres y había que sacar del Nuevo Testamento cualquier referencia suya. Podemos continuar con nombres como Aspasia de Mileto, amante de Pericles y ella misma sabia reconocida por el mismísimo Sócrates. O Verónica Franco, cortesana del rey Enrique II de Francia, que en la última etapa de su vida, tras salvarse de la Inquisición, creó una casa donde enseñaba oficios a las prostitutas que querían abandonar los burdeles. O Teodora, ella sí prostituta, que llegó a emperatriz de la mano de Justiniano y desde esa posición de poder prohibió la prostitución forzosa, así como la pena de muerte a las mujeres adúlteras. Algunas historias de estas malas mujeres, las desobedientes que nos robaron como referentes, las cuenta Victoria Román en *Pecadoras. Maestras del sexo y la seducción*.[73]

Dice el dicho común que detrás de un gran hombre siempre hay una gran mujer. Lo que no se nos dice es que el insigne macho muchas veces hizo fama robándole a la mujer —tan grande como invisible— no solo el tiempo de su trabajo de cuidados, sino también sus saberes. Tantos grandes hombres, filósofos, sabios que construyeron su obra expropiando los saberes de las mujeres que supieron ponerle calle a sus teorías. Mujeres en la sombra que eran putas, amantes, esposas de los autores que estudiamos como grandes referentes del saber. Tal vez, deberíamos decir más bien que detrás de cada sabio siempre hay una mala mujer.

---

73   Victoria Román (2020): *Pecadoras. Maestras del sexo y la seducción,* Madrid: Casiopea.

TRABAJAR EN COMUNIDAD HASTA LA LIBERTAD

Las kellys y las trabajadoras del hogar y los cuidados han logrado sentencias que reconocen sus enfermedades laborales y han logrado cambios legales que han salido en el BOE. Pero siguen sin ser derechos reconocidos *de facto*, porque no hay una juntiña política para que las mutuas de salud las reconozcan, porque están de parte de la patronal, que sí tiene juntiña con ciertos partidos. Peor aún, si no tienes juntiña, ni siquiera te enteras de que esos derechos han sido reconocidos. Necesitamos redes, también, para enseñar, para que la información circule.

Nosotras debemos lograr la juntiña con otros partidos que tendrán que luchar para que eso que conseguimos las luchas se ponga efectivamente en marcha. Y para eso es necesario ver qué es lo que hacen los colectivos, los sindicatos que llegan a esos espacios, escuchar, ver qué herramientas tenemos desde la izquierda y los movimientos sociales y entender cómo nuestras luchas pueden contrarrestar los golpes. En definitiva, se trata de ser más estratégicas. Si hay alianza con colectivos, cuando lleguen ordenanzas municipales sabremos a quién agarrarnos para que no se pongan en marcha, aunque no tengamos acuerdo político en todo. ¿Le tenemos que dar lo mismo a Ciudadanos y a Anticapitalistas? No, pero necesitamos su voto.

¿Cómo atravesamos entonces? La cuestión de la vulneración de los derechos humanos es la forma de atravesarnos con otros seres humanos. Porque trama. Porque eso ya no va de estar de acuerdo. Esa fue la estrategia de las putas de cara a la ley del solo sí es sí: cada alianza que tejimos, con la academia o los partidos, se orientó a los derechos humanos.

Estrategia con cabeza, sin pisotear los principios y los valores del otro. Poner en la base los valores y la ética de los colectivos en lucha, que serán los que tienen que cambiar el capitalismo que tenemos ahora. Todos los principios y valores que queramos sumar, revisar, cambiar o lo que sea en este capitalismo que tenemos, en este racismo, en esta guerra fronteriza donde nos posicionan a unos contra otros, en toda esta mierda de la que nos hacen participar por no tener suficiente información o porque la información que tenemos está manipulada. Se trata, entonces, de crear redes para enseñarnos entre nosotras, compartir herramientas, mirar nuestras heridas abiertas. Desenredar para poder tejer.

La lucha por los derechos de las trabajadoras del sexo

Este breve repaso por la historia de la lucha de las trabajadoras sexuales da cuenta no solo de los múltiples lugares y formas en que se ha dado esta lucha, sino también de cómo se ha intentado su silenciamiento.

En el planeta

28 de junio de 1969, Nueva York (EE. UU.). Sylvia Rivera, Marsha P. Jonhson y otras trabajadoras sexuales trans y racializadas impulsan los disturbios de Stonewall, en protesta contra una redada policial en el pub Stonewall Inn. Origen del 28 de junio como día de reivindicación del orgullo LGTBIQ+.

1973, EE. UU. Colectivo COYOTE (Call Off Your Old Tired Ethics): pioneras en la denuncia del estigma que atraviesa el ejercicio del trabajo sexual.

2 de junio de 1975, Lyon (Francia). Toma de la Iglesia de Saint Nizier durante nueve días para denunciar el punitivismo policial y los encarcelamientos incesantes. La iniciativa se replicó en ciudades como Montpellier, París y Niza. Todas las tomas terminaron con desalojo violento. Se adopta esta fecha como Día Internacional de la Trabajadora Sexual.

1975, Medellín (Colombia). Las prostitutas antioqueñas se suman al paro de camarerxs y otrxs trabajadorxs por la mejora de sus derechos.

1975, Inglaterra. English Collective of Prostitutes: referente de la lucha por los derechos de las prostitutas en Europa.

1979, Nueva York (EE. UU.). New York Prostitutes Collective (actual USPROS).

1980, Berlín (Alemania). Hydra e.V.

1981, Australia. Australian Prostitutes Collective (actual PCV: Prostitutes Collective of Vitoria).

1982, Italia. Comitato per i Diriti Civili delle Prostitute (CDCP).

1982, Suiza. Aspasie: asociación suiza histórica, creada por la referente del movimiento Griselidis Real (véase documental *La muerte de una puta*).

1982, Brasil. Movimiento de Prostitutas no Brasil con la histórica referente Gabriela Lite. Ella fue una de las primeras en apropiarse el término «puta».

1985, Holanda. International Committee on the Rights of Sex Workers in Europe (ICRSE).

1988, Ecuador. Huelga convocada por la asociación de prostitutas ecuatorianas.

1 de mayo de 1988, Uruguay. Asociación de Meretrices Profesionales del Uruguay (AMEPU): entre otras iniciativas, creó un centro de cuidado infantil.

1991. Creación de la Global Network of Sex Workers Projects (NSWP), que conectó los derechos de las trabajadoras sexuales y los proyectos de atención médica en la región de Asia y el Pacífico.

1992, Venezuela. Asociación de Mujeres para el Bienestar Social y la Ayuda Recíproca (AMBAR).

1992, Chile. Asociación para los Derechos de las Mujeres Ángela Lina (APRODEM).

1993, México. Unión Única.

1993/1994, Ecuador. Celebración de dos congresos nacionales de la Asociación por los Derechos de las Trabajadoras Sexuales Ecuatorianas.

1994, Surinam. Asociación Max Linder.

1994, India. Comité Mahila Samanwaya.

1994, Colombia. Asociación Colombiana de Mujeres.

1994, Lima (Perú). Cerca de 400 prostitutas protestan contra el cierre de un burdel bajo el lema «Queremos trabajar».

1994, Argentina. Asociación de Mujeres Meretrices de Argentina (AMMAR): sindicato integrado en la Red TraSex (Red de Mujeres Trabajadoras Sexuales de Latinoamérica y el Caribe). En 1995 se vinculan a la Central de Trabajadores de la Argentina (CTA). Suyo es el lema «Siempre con las putas, nunca con la yuta», contra el punitivismo policial, y la reivindicación de la «zorroridad», o solidaridad con y entre putas.

1994, Parimbo (Surinam). Las trabajadoras sexuales hacen la primera aparición pública masiva en el Día Mundial de la Lucha Contra el SIDA, bajo el lema «No condom, no pussy» reclamando sexo seguro.

1994, Sudáfrica. Sex Worker Education and Advocacy Taskforce (SWEAT).

1996, Calcuta (India). Se celebra el primer congreso de prostitutas organizadas y se realizan varias protestas y manifestaciones contra el acoso y la brutalidad policial.

1997, Nicaragua. Asociación para las Mujeres en Solidaridad (AMAS): el primer grupo en Nicaragua formado principalmente por trabajadoras sexuales de la calle. Obtuvo la ayuda del colectivo venezolano AMBAR.

1997, Japón. Sex Workers! Encourage, Empower, Trust and Love Yourselves! (SWEETLY).

1997, República Dominicana. Movimiento de Mujeres Unidas.

1997, Ucrania. Public Movement Faith, Hope, Love.

2000, Austria. Maiz.

2002, Bélgica. Ghapro.

2010, Turquía. Red Umbrella Sexual Health and Human Rights Association.

2011, Serbia. Sloboda Prava (Equal Rights).

2011, Portugal. Rede sobre Trabalho Sexual (RTS).

2015, Grecia. Red Umbrella Athens.

2016, Argentina. AMMAR logra por primera vez un espacio propio en el 32º Encuentro Nacional de Mujeres, Lesbianas, Travestis y Trans.

2018, Finlandia. FTS Finland.

La lucha por los derechos de las trabajadoras del sexo

En el Estado español

1989, Madrid. Jornadas de Debate Feminista, organizadas por la Comisión Antiagresiones y la Coordinadora de Grupos de Mujeres de Barrios y Pueblos del Movimiento Feminista de Madrid. La prostitución fue uno de los ejes más polémicos de las jornadas, que fueron germen de la creación de Hetaira.

1990, Andalucía. Asociación Pro Derechos Humanos de Andalucía (APDHA): línea específica de trabajo sexual, que realizarían después junto al CPS.

1994, Zaragoza. Centro Alba: colectivo de prevención del VIH y otras ETS, centrado en la reapropiación de la capacidad de curación de las enfermedades y la autogestión.

1995, Madrid. Hetaira: colectivo histórico por los derechos humanos de las prostitutas, fruto de las conversaciones entre trabajadoras del sexo y aliadas feministas, activo hasta 2019. Sus reivindicaciones centrales han girado en torno al marco legal, las condiciones de las migrantes y el derecho al uso del espacio público.

1996. Fundación Triángulo: colectivo LGTBIQA+ que trabaja con trabajadorxs sexuales, con líneas específicas de acción para personas trans.

2001, Madrid. Unión de Trabajadoras/es Sexuales de España (SINTRASEX): colectivo pionero formado íntegramente por trabajadorxs sexuales. Sus reivindicaciones tuvieron que ver con el combate al estigma, el reconocimiento del carácter laboral de la prostitución, la capacidad de agencia y la revictimización.

2002, Murcia. Comité de Apoyo a las Trabajadoras del Sexo (CATS).

2005. La trabajadora sexual del Raval Margarita Carreras recoge el premio Goya a la mejor canción *Me llaman calle*, de Manu Chao, con las palabras: «Este Goya está dedicado a todas las princesas, a todas las hetairas que cada día hemos de enfrentarnos a la incomprensión y al vacío social».

2005, Barcelona. Campaña *Jo també sóc puta* («Yo también soy puta»): por la entidad Genera, que también organizó las jornadas en las que comenzó a proyectarse la expresión «puta feminista».

2011, Barcelona. Prostitutas Indignadas (también autodenominado Putas Indignadas): nacido en el barrio del Raval para denunciar la reforma de la Ordenanza de Civismo en la ciudad. Convocaron una manifestación ampliamente respaldada el 26 de abril de 2011.

2011, Málaga. Asociación de Mujeres, Transexuales y Travestis como Trabajadoras Sexuales en España (AMTTTSE): formada por prostitutas del Polígono Guadalhorce en Málaga para afrontar la medida del ayuntamiento que las expulsaba de sus espacios de trabajo para trasladarlas a lugares donde no se cumplían unas mínimas condiciones. Puso el foco en las herramientas de autocuidados y la importancia de la información.

2012, Barcelona. APROSEX (Asociación de Profesionales del Sexo): es de los primeros colectivos en colocar públicamente la idea de trabajo sexual como profesión legítima, y la organización de tipo sindical.

2015, Cataluña. Asamblea Pro Derechos del Trabajo Sexual de Cataluña: integrada por los colectivos El Lloc de la Dona, Ambit Dona, Genera, Putas Indignadas y APROSEX, con referentes como Montse Neira y Conxa Borrell y calificada como «el primer *lobby* de prostitutas en España».

2017, Asturias. Colectivo Caye: bajo el lema *Vendemos el nuesu tiempo, non el nuesu cuerpo* («Vendemos nuestro tiempo, no nuestro cuerpo»). Se centra en luchar contra el estigma puta y las violencias sociales que sufren las trabajadoras. Organizó en Gijón, en junio de 2019, el primer evento de prostitución masculina en el país.

2018, Barcelona. Putas Libertarias Raval: con el objetivo de luchar contra el punitivismo de la Ordenanza de Civismo de Barcelona y de dotarse de herramientas jurídicas, políticas y sociales para avanzar hacia el reconocimiento de derechos.

2018, Sevilla. Colectivo de Prostitutas de Sevilla (CPS): Fuerte incidencia en la construcción de la identidad política, con lemas como «Puta transfeminista» o «Todas las mujeres, todos los derechos, todos los días».

2 de junio de 2019, Sevilla. Jornadas históricas de alianzas del CPS en el Palacio de los Marqueses y en Lanónima.

2018, Cataluña. Unión Sindical del Trabajo Sexual: primera sección sindical de trabajadoras sexuales, integrada dentro de la Intersindical Alternativa de Catalunya (IAC).

2018. Organización de Trabajadoras Sexuales (OTRAS): la aparición de su creación en el BOE avivó una fuerte polémica y obligó al presidente del gobierno, Pedro Sánchez, a posicionarse anunciando la impugnación de la asociación y afirmando su rechazo a que la prostitución se considere una actividad laboral.

2020. Putas en Lucha.

2023, Granada. Fulgor (FULanes en Granada ORganizades): colectivo autogestionado formado por trabajadores sexuales.

2023, Bilbao. Putxs en lucha: colectivo de trabajadorxs sexuales feminista interseccional y antipunitivista.

Fuente: Elena Martínez Pérez (2021): *Feminismos desde las esquinas*, Barcelona: Ed. Bellaterra.

PRIMER EPÍLOGO
A LAS QUE ME HICIERON LIBRE

En el proceso de escribir este libro hemos pasado por momentos de tensión muy chungos, donde posiblemente nos hemos herido las unas a las otras. Algunas de esas tensiones se han hablado y gestionado. Se han puesto encima de la mesa los saberes de todas para desenredar y poder tejer lo que nos propusimos desde un principio: que este libro sirviera a la lucha feminista, para sumar con cabeza, para avanzar y no solo resistir. Como en el capítulo del libro de Mar Gallego *Como vaya yo y lo encuentre*,[74] yo quería que mi historia de vida les sirviera a quienes sufren el patriarcado, quienes han mamado las consecuencias del sistema patriarcal sin saber siquiera lo que es.

En este mundo hay juntiña para todes, hay un lugar que puede ser un espacio seguro, pero pocas tienen el privilegio de encontrarlo, de poder acceder a ello. Es vital generar empatía hacia ese otro que no tiene los mismos privilegios que tú; así se despierta la conciencia. Si el discurso y la prácticas no nos atraviesan a todes, nos llevan al *postureo*. Empecé viendo este libro como una competición a nivel de activismo, una herramienta para canalizar mi rabia y señalar a quienes me jodieron; y así llegué a ese momento en que no pude pasar del capítulo 2, hasta que, como contaba al principio, el taller de escritura con Helena me permitió desatascar el proceso para entender cuáles eran mis sentires más profundos y qué era lo que realmente estaba en juego.

A los pobres todo se nos vuelven pulgas. Cuando parece que estamos empezando a sanar, nos caen otras cosas, nuevos problemas que enfrentar, y, según te coja el cuerpo, te cansas de luchar aun sabiendo que puede que sea un momento para crecer. Mi hijo me dice que nosotras solas nos *hackeamos* en vez de *resetearnos*.

---

74   Mar Gallego (2020): *Como vaya yo y lo encuentre. Feminismo andaluz y otras prendas que tú no veías,* Libros.com.

A finales de agosto de 2024, por movidas personales, decidí que ya estaba hasta el coño de luchar, me cansé. «Se terminó», me dije a mí misma, y me fui preparando el camino para pirarme de este mundo. Robé los medicamentos de todas las casas donde iba a limpiar. Me dediqué durante días a gestionar cómo hacer para que mi hijo chico se quedase a vivir con quien él quisiera. Para eso tuve que pedir los datos personales a mi vecina, mi hermana, Susana. Ella es muy lista y tardó *un plis* en sumar todas mis harturas e imaginarse que estaba tramando algo.

Era la primera vez en mi vida que tenía intención de suicidarme con la conciencia muy tranquila, sin culpas. Me había dado cuenta de que estaba romantizando mi resistencia y sentía que había llegado el momento de soltarme de muchas cosas. Pero luego entendí que no era precisamente de la vida de donde me quería soltar.

A los pocos días hablé con mi *comare* Tamara para preguntarle dónde poner el cuerpo con dirección al camino de la despenalización. Quería luchar con sentido, no poner el cuerpo a una agenda política feminista hegemónica. Ella me dijo: «¿Por qué no paras un rato y te pones en contacto con la psicóloga de la colectiva, que hace meses que está esperando que la llames?». Así aparece Cira en mi vida, en el momento más idóneo para comenzar una terapia que me ponga en el centro de mi vida.

Días después mis *comares,* mis amigas, mis hermanas, mi familia elegida me hicieron una fiesta sorpresa por mi cumpleaños. Ese día Susana les dijo: «Vosotras no valoráis todo lo que mi vecina lucha». Esa tarde me di cuenta de que encontré mi sitio, mi casa, mi espacio seguro, mi hermandad; que ya estaba preparada para recibir besos, para quitarme la armadura y pedir ayuda para resistir, para que me acuerpen y me sostengan. Para avanzar es necesario soltar y que te suelten de lo que ya no te representa. Hay que saber decir adiós cuando eres consciente de que tienes que cerrar el ciclo para seguir haciendo camino. A partir de ese momento tuve clarísimo a dónde me llevaba el libro, dónde estaba mi centro en este *enreo*.

Lo que estaba en juego desde el comienzo es que la competición activista por el puritismo que lideran mis ideales ya no me pone. Cuando luchamos con la utopía clavada en la cabeza, no estamos luchando para avanzar. Por eso romantizamos la lucha de las de abajo. Y yo estaba romantizando mi propia lucha, sin estrategia.

Muchas veces el feminismo inclusivo ha caído en un acompañamiento que se acerca al tutelaje. Desde el buenrollismo, pero sin escuchar; sin escuchar de verdad qué dicen las de abajo y qué herramientas tienen realmente los movimientos sociales. Y de ahí es fácil caer en convertirnos en sujetos de uso. No necesitamos eso, necesitamos trabajar juntas en comunidad. Así como no necesitamos que la izquierda reconozca que el trabajo sexual es trabajo, porque nosotras sabemos muy bien cómo llenamos la olla del puchero. Se trata de partir de nuestros principios, de los valores compartidos, y construir desde ahí. Yo sé que mi principio es la comunidad; no es la familia y desde luego no es el *postureo*.

Mi centro es tramar desde la juntiña. Trabajar en comunidad para avanzar. No hay que estar todas en todo, pero todas hacemos falta. Cuando dejamos los puritismos de lado y logramos ir más allá de la rabia, podemos pensar en qué valores compartimos y construir desde ahí. Porque desde la rabia solo pierden nuestros hijos. Y ya no es el momento de seguir abriendo heridas, viejas o nuevas. Es momento de avanzar. Llevamos dos años con los presupuesto del Estado congelados, siendo cómplices del sistema ante nuestro silencio.

Hoy estoy aquí porque muchas tuvieron que luchar para hacernos libres y no eran activistas. La vida de muchas de las mujeres, *marikones* y gente trans de mi pueblo, sus acciones y sus decisiones, nos hicieron y nos hacen más libres. Las que se divorciaron, las que criaron solas en la transición, las que se señalaron por hacer visible que el cuerpo que cargaban no les pertenecía, los *marikones* que lucharon contra el servicio militar, las mujeres que se sacaban el jornal limpiando… nos despertaron la consciencia de clase obrera a todes. Desde aquí va mi homenaje a todas esas historias de vida que no fueron contadas y estaban y están aquí a nuestro lado.

Sus resistencias fueron mi guía. Sus saberes, mi camino. Sus sentires compartidos, mi fuerza. Ojalá el camino no sea en las mismas condiciones. Ojalá las que vengan no luchen sin más vida que resistir ni se encuentren con los mismos obstáculos de las que las precedieron.

Hacia una lucha política en pro de los derechos de quienes habitamos. En el reconocimiento de derechos en la diversidad que nos atraviesa.

En defensa de los derechos que nos pertenecen, comenzando por todos los servicios públicos. Es increíble que la limpieza de pueblos y colegios, el cuidado de mayores, los comedores escolares… no se gestionen con bolsas de empleo de los ayuntamientos, sino por subcontratas. Pocas de ellas contratan a gente de los pueblos y barrios.

El derecho a la vivienda. Muchos de mi generación obtendremos una vivienda heredada a los sesenta y cinco años del parque de viviendas generadas por Franco en los años setenta.

El derecho a un trabajo que cubra todos los gastos y sobre para vivir, no para sobrevivir al servicio del capitalismo. El bienestar que se os vende, hasta la comida del mes, se paga a plazos con esas tarjetas bancarias por las que tanta gente se ha arruinado y suicidado.

Y no lo olviden: la lucha de hoy y la que viene no es blanca. Y una transformación económica social nace por y para el pueblo con un trabajo en comunidad.

SEGUNDO EPÍLOGO

Acabo este libro eterno, un proceso que ha durado más de lo que debería por las cosas que nos pasan a la gente pobre, una vida en la que no paran de pasar cosas cada día. Termino esto que acabáis de leer tras pasar por un proceso médico, con negligencia incluida, donde me he tenido que enfrentar a la destrucción de la sanidad pública en Andalucía y a las élites de las bases sanitarias, que, en silencio, hacen una huelga cotidiana que, junto a las decisiones de los de arriba, rompen el sistema accesible a todos; desde arriba nos dejan vendidos a todos los demás.

El tumor que me acaban de sacar de dentro por suerte era benigno, pero me ha tenido seis meses en la cola de los pobres, una de tantas (la espera sanitaria, la espera de una ayuda, la espera del empadronamiento o la nacionalidad). Además, en este tiempo también he recibido una orden de desahucio; se llevan mi casa al fondo social de vivienda, una casa en la que llevo resistiendo desde 2011 y aún sigo. En más de catorce años, siento que la lucha política no ha conseguido nuevas herramientas para poder transformar esta realidad, se nos sigue echando a las mismas personas de nuestras casas y no se está creando un acompañamiento real a quienes no tenemos un techo asegurado. La memoria de los movimientos sociales es muy corta y no hemos aprendido nada desde la dación en pago.

Este proceso me ha recordado cuántas veces las trabajadoras sexuales, las mujeres pobres, nos hemos encontrado con las élites de las bases, «las de en medio», las que tienen herramientas materiales y culturales, pero que, a pesar de tener voluntad de cambio, muchas veces no son capaces de mirar hacia abajo; nos hemos topado con procesos en los que nos quisieron marcar el paso en cuanto a cómo luchar o a cómo narrar una historia. Incluso en el propio proceso de la escritura de este libro me he sentido alguna vez así. Valoro los aportes de las compañeras en deconstrucción, pero no puedo evitar recordarles, a ellas y a algunas personas que nos estén leyendo, que hemos dejado de ser sujeto de uso, que las putas y otros colectivos, como las jornaleras, deben ser las que marcan el paso al conocimiento a las personas que están dentro y no al contrario.

Pienso que es algo que sucede en general en cualquier espacio en el que supuestamente se busca justicia social. Muchas veces las asambleas, sindicatos y partidos políticos nos dicen: «Únete», y está claro por qué no nos unimos: porque ya estuvimos y estamos cansadas del uso que se ha hecho de nosotras.

Muchas veces somos criticados «los de abajo» porque dicen «los de en medio» que somos el problema para no conseguir la justicia social, por nuestra inacción. Eso no es así, la justicia social se vuelve utopía cuando no trabajamos en comunidad, cuando las banderas nos impiden ver el frente común. Y lo siento, las banderas no nos representan a las gentes de abajo.

El único objetivo que he tenido con toda mi lucha y mi vida en general ha sido trabajar en comunidad, es decir, poner en común todos los conocimientos y prácticas que día a día generamos con nuestra resistencia «los de abajo» (y que continuamente son saberes pisoteados y no tenidos en cuenta) con las compañeras que tienen la suerte y el privilegio de poder optar a otros espacios de generación de conocimiento y de acción política. Solo así podremos conseguir que la justicia social deje de ser algo imposible y se convierta en una realidad material.

AGRADECIMIENTOS Y DEDICATORIA
LE AGRADEZCO A LA VIDA HABERME CRUZADO EN VUESTRAS VIDAS

Agradezco a las que me abrieron camino. Los saberes de las vecinas con historias de vida. Sus palabras y sus silencios.

Agradezco los saberes de mi vecina Rafaela, al pie de su máquina de coser; sin saberlo, me enseñó resistencia y a ser clase obrera aunque no tengas nómina. Agradezco al niño de mi pueblo que recibió palos de su padre porque su madre sufría violencia de género, aunque ella no sabía ponerle nombre.

Agradezco a las personas migrantes que tanto me enseñaron, aunque todavía seguimos sin darles un sitio. En especial a la lucha de las trabajadoras del hogar, de quienes he aprendido y recibido tanto. Hasta el derecho a paro me han dado, como a tantas españolitas que limpiamos y cuidamos.

Agradezco, también, a los hombres que me violentaron. Tu violencia me hizo más fuerte. Espero que tu hija y tu nieta puedan defenderse mejor.

Agradezco a las malas mujeres, a las que potencian a otras mujeres a ser libres. A las que no quisieron casarse tras quedarse embarazadas y así nos abrieron el camino. A todas las putas del pueblo. El patriarcado clasista y racista no puede borrar nuestra historia.

Agradezco a las mujeres gitanas. Aquí necesito abrir un paréntesis. Reflexionando sobre esto para escribir este libro, me avergüenzo al darme cuenta de lo poco que conozco del pueblo gitano, de sus dolores. Y no es porque no haya putas gitanas, sino porque las hemos ignorado, como hemos ignorado tantas de sus luchas. Lo poco que sé de este pueblo lo he aprendido de Séfora, María José Gurú, Sandra Heredia, a quienes les pido disculpas por no atravesar como os merecéis la lucha. Pero es tan poco que a veces prefiero no hablar del tema, porque siento que, por pura ignorancia, es más el daño que puedo hacer que la visibilidad que alcanzaría a dar. Solo tengo pantallazos de sus heridas. No es un proceso como el migratorio, que sí he visto a lo largo de mi andadura como puta y como activista, y del que he ido aprendiendo. Respecto al pueblo gitano sé muy poco, aunque sí alcanzo a intuir su papel en la industria del rescate: el uso que se hace muchas veces de ellxs en los centros de salud y cómo, principalmente en el caso de las mujeres, se cae constantemente en la vigilancia de sus cuerpos, como ocurre con el tema del control de la natalidad, y en el juicio constante y desacreditador de su rol como madres. He visto cómo les quitan a sus hijes y cómo a algunas de ellas directamente les tratan de impedir tener hijes poniéndoles un tipo de anticonceptivo en la piel. De eso he oído hablar mucho a las gitanas.

Quiero rendir homenaje a las vecinas de mi pueblo: a las que lucharon por ser libres, a las que cayeron y se levantaron, a las que levantaron a otras. A quienes señalaron y juzgaron por perseguir la libertad. A quienes nos abrieron puertas sin pedir permiso, que fueron juzgadxs por poner el cuerpo al lado de gente descarriada. A las que nos dejaron sin ser conscientes de que nos dieron alas. A quienes me acompañaron en cada paso con su recuerdo, mis vecinas, mi comunidad, mi Conchita (mi madre del alma) y sus hijas, las Rosarios, las Teresas, la Leonor, la tita Antonia del bloque, la Paqui, Encarna y Francisca.

Por las heridas que comparto con muchas vecinas de mi pueblo, por las que cargaron hijxs porque se salían de las normas del catálogo de buenas madres. Cuántas familias rotas hay por ese pensamiento criticón, uniforme, que solo violenta, humilla y rompe lazos. A las zorras, *marikones*, lesbianas, yonkis y locas. Las que callamos o alzamos la voz. Por quienes se enfrentaron y las que huimos para no enfrentarnos a tanta lengua viperina. Por quienes juzgaron sin conocer, por quienes vivieron lo juzgado. Por las que rompieron a otras y se arrepintieron cuando compartieron dolores.

A la que abortó, a la que se separó, a la que se quedó preñada y no se casó. La que dejó a su marido por otro, el que dejó a su mujer por otro, la que denunció la violencia, la que volvió en nombre del amor a los niños y al techo. A la que se suicidó, a la que mataron, a la que se fue dejándolo todo: hijos, casa, marido, padres, por no aguantar. A quienes dejaron de vivir para cuidar de los suyos. A quienes cuidaron sin ser cuidadas, pies y manos de tantas personas que necesitan más cuidado. A las que se iban a trabajar fuera a temporadas mientras eran juzgadas; el *burraqueo* de la fiesta era lo que nos ponía.

Detrás de cada historia de vida hay grandes mujeres con nombre, apellidos y motes. Unas formaban parte del club de «*Mare* mía, esa chiquilla lleva pasadas las de Caín» y otras eran del club de las frescas, junto a nuestros maricones, locos y *endrogados*.

Mis referentes eran mis vecinas las municipalas, con la bisabuela Rita, cacho matriarca la señora. En el quiosco del inválido (así de mal hablados éramos), el suegro de mi prima

Flori, se juntaban las libres, eran una buena juntiña desde mi barriada La Paz hasta los *barraeros,* así las bauticé. Cada vez que escucho al feminismo abolicionista hablando de su salvación, las recuerdo a ellas, LAS LIBRES, las de la moña de jazmín y la mata de romero, desde Cataluña a Sanlúcar, con mascota o *pellisa,* en Matalascañas o en el Rocío, por feria y sin ningún *relío.*

Estas son las únicas *salvaoras* que conozco: vienen de familias donde mamaron matriarcado, abrieron puertas a quienes se la cerraban, daban besos y abrazos sin pedirlos, amor y comprensión.

Por las que nos dejaron y nos acompañan en el camino. Por las de casa: mi abuela Carmen y Concha, por mis primas Mari y Ana, mi hermana del alma, mi Consuelo. Por mis vecinas Carmen, Rosa María, Teresa, Toñi, Rafaela, Encarnita, Ana, Rita, Lola. Por mi hermana Thais, compañera de mi primer trabajo digno, asesinada.

Por quienes seguirán estando en mi vida mas allá de lo presencial, mi Rafa y mi Mané, los hombres que más me quisieron. Por mi gran amigo Ángel, quien apostilló el termino «pilingui» a les aliades. Por mi Consuelo y mi Joaquín, sin duda los pilares de mi vida. Por Antonio Morillo, quien me empuja desde el infinito a seguir en lucha: me enseñaste que el adiós no es una despedida, sino la permanencia en los sentires de mucha gente.

A los hijos e hijas de las malas madres que, como el mío, fueron juzgados, heridos y sentenciados por tener una madre zorra, alcohólica, loca o *enganchá.* Es respetable que reneguéis de vuestras madres, que rompamos relación y lazos, por su paz social. Esto es lo que puede ocurrir con mi hijo mayor después de la publicación de este libro. Soy consciente de que quizás esto me traiga silencios dolorosos que durarán años o el resto de mi vida.

Y posiblemente de esta ya me deshereden, me juego un techo y pagar deudas que me dejen vivir mejor llegado el momento. Me estoy jugando un futuro en paz por mis ideales, mi lucha y mi verdad. Soy una orgullosa puta activista, defensora de los derechos humanos, enemiga de las injusticias y de señalar a quienes no formamos parte de un sistema que oprime por ser diferentes. Voy a seguir haciendo con mi cuerpo y mi vida lo que me salga del coño. Exijo respeto y derechos para quienes sobrevivimos en este sistema capitalista, machista, racista y opresor poniendo el cuerpo de igual manera.

Agradezco los saberes que mamé de mi pueblo, del campo, del mundo caballista, de la fe de mi gente, en sus casas de hermandades, en la casa del PSOE y del camino del Rocío. Los sentires por las raíces que siempre me tuvieron anclada al suelo. Luchar mirando siempre *desde abajo pa arriba.*

Sin imaginármelo, sin quererlo ni proponérmelo, me convertí en activista, en un referente de lucha. Si alguien me hubiera dicho años años atrás: «Darás charlas en universidades, publicarás libros, te codearás con políticas, grandes feministas te contratarán en proyectos», no me lo hubiera creído. Sigo pensando que la lucha implica un montón de saberes y sentires puestos a disposición de todas para ser usados por el bien común. Pregono los saberes de todas las que mamé y agradezco el tiempo compartido con ellas. A lo largo de la vida soltamos o nos suelta gente con la que hemos compartido vida, cariño y lucha; ya sea porque la propia vida hace que cojamos caminos diferentes o porque, por algún motivo, la relación se vuelve tóxica.

Aunque no tenga contacto con algunas compañeras o aliadas, agradezco todos los saberes, pues a su suma se refieren la lucha puteril, el movimiento proderechos y el camino a la despenalización. ¡Cuánto tenemos que agradecer a nuestras referentes históricas y qué poco homenajeamos a quienes nos pusieron en el camino de la lucha en nuestro territorio! Montse Neira, Margarita Carreras, Carolina Hernández, Clarisse, mis referentes en mis inicios en AMEP, junto a esas alianzas históricas que empujaron la organización de las trabajadoras sexuales: Hetaira, Acción en Red, APDHA, CATS, etcétera. A quienes formaron y forman parte: Mamen Briz, Cristina Garaizabal, Empar Pineda, Estefanía Seratus, Talia, Ana Rosado, Pilar Habas…, que fue uno de los cimientos del inicio del CPS.

A les compañeres que con sus saberes me mostraron lo que era la lucha de la calle, de las compañeras trans, de las compañeras migras; ellas son las que me han abierto los ojos ante todo eso: a Kenia, la cabeza pensante, a Beyoncé, a Paola, a Jessica, a Ari, a Lucía Fernández, la puta que me hubiera gustado ser, a Pepita, Martina, Pikara, Gabri, Gerad, Linda Porni, Paula Ezquerra, Séfora, Belén Ledesma…, hasta a Conxa Borrell.

La lucha se ha construido gracias a los saberes colectivos y pilinguis de todos los ámbitos: feministas, académicas, sindicalistas, políticas de las que estuvieron, las que están y las que estarán junto con las alianzas que nos ayudan a abrirnos paso sin pedir permiso. En ese sentido, doy las gracias al CSOA La Revo, Lanónima, El Taller, la AFUS, Feminismo de los Márgenes gaditano, las Asarvahás, la Azotea Mora, las Ecotonas, Mujeres Supervivientes y Tramallol…, a todas las que se se han sumado y se sumarán a la lucha.

A las académicas, que nos han dado mucha teoría para poder construir herramientas, para podernos defender en las administraciones y en los centros de poder donde se hablaba de nosotras sin nosotras.

Y a mi familia elegida: a mis vecinos, mis amigos, mi sostén, mis hermanos Susana y Juan Luis, a mis putisobrinos Laura e Isita, a sus parejas, a mis jefas a las que voy a limpiarles la casa, a todas las mamis del colegio y a todas mis vecinas, las que nunca me han negado y por las que hoy hago la lucha.

A mis hijos por aguantar a la madre que les tocó. A mi mayor le pido perdón por lc que mi ausencia y mis acciones le jodieron la vida. A mi chico, por apoyarme en la lucha puteril y sostener mi vida.

A Pepa Cabanilla, mi hermana del alma, Fernando Burbon, Pilar Habas, Inma Penita, Tina Caballero, Lara, Ariadna Riley, Jessica Cusell, Cecilia, Rocío Medina… por compartir con vosotras los inicios de esta lucha puteril en Sevilla.

Quiero agradecer a este libro las heridas que me han abierto, las que me han sanado las culpas, de las que me he liberado y de las que me he disculpado.

Por ser el final de un camino el inicio de otro que vuelvo a recorrer, donde me pongo en paz con el pasado reencontrándome otra vez con algunos.

Como los de mi pueblo, que inicié con mi María Barrero, vuelvo a recorrer con la cabeza bien alta sin arrepentimientos ni venganzas, sin permitir que usen el pensamiento crítico mal direccionado sobre mi persona.

Gracias a mi madre elegida, Ana Lepe la Matriarca, madre de Ana Pinto, de Jornaleras en Lucha.

Si de algo estoy orgullosa en esta vida, es de ser una puta honrada antes, ahora y siempre.

En este proceso para desprenderme del estigma, han vuelto a estigmatizarme quienes lo hicieron hace veintisiete años cuando partí. Lo agradezco para romper con el pasado y no volver a rendirle cuentas. Por ello quiero olvidarme de mi primo Miguel Patarra, que solo apareció para robarnos, estafarnos, romper el bienestar y la paz de mi casa.

No hay mal que por bien no llegue, dice un refrán. Esto me llevó de vuelta con Daniel Ríos, la única persona de la que me despedí al irme del pueblo, porque estaba pillada por él hasta las trancas. Iniciamos una relación romantizando lo que no pudo ser en su momento y, después de tantos años, no somos compatibles para amoríos: ¡que viva la amistad por treinta y cinco años más compartiendo risas y muchas ferias!

A María Sánchez, Dani Barrera; Luz Marina, Ana Jiménez y Sandra Asensio, con los que conocí lo que era la verdadera amistad. A la paciencia infinita de Nazaret Castro, de La Laboratoria.

Y este libro no habría sido posible sin mi Aurora y sin mi Carmen, mis *comares* con las que aprendí a recibir besos y abrazos. Son parte fundamental de este trabajo. Sin Aurora jamás habría participado en este lío; con ella a mi lado desde las primeras jornadas en la UPO. Mi niña chica se hizo grande a mi lado y yo al lado de ella compartiendo muchas luchas, lágrimas y risas, con quien más he tramado y *enreao*. Con quien comparto una cacho *pedrá* mental que hace que nos leamos hasta los pensamientos. Un avenate como este solo podía ser a vuestro lado, mi Carmela, siempre marcando la dirección para que a este puchero no le falten el olor a yerbabuena, la reunión de vecinas y el compás del feminismo de los sures económicos que habitan Andalucía. Os quiero una *hartá*.

Me despido de la lucha puteril con el orgullo de haberla compartido con tanta buena gente y alguna cabrona. Feliz de haberla peleado y en paz por todo lo aprendido. Vital para cerrar este ciclo de mi vida y dar comienzo a otros caminos.

Zorroridad.

Autora
María José Barrera

Edición y acompañamiento
Editorial Avenate (Aurora Báez)
La Laboratoria-Sur de Europa

Infografías
Mariela Bontempi

Ilustraciones
María Pichel

Coordinación
La Laboratoria-Sur de Europa

Corrección
Javier Olmos Sanz

Maquetación
Taller de Traficantes de Sueños

Mentoras
Carolina Meloni, Ana Jiménez, Sandra Arecón,
María Almansa Sánchez, Andrea Oliver

Impreso en Madrid, septiembre de 2025
ISBN: 978-84-19833-44-0
Depósito Legal: M-18932-2025

El proceso de investigación y escritura de este cuaderno ha sido financiado
por la Foundation for Arts Initiatives y el Museo Reina Sofía.

Esta publicación refleja solo la opinión de la autora.